Andriana Andreou

Denn die Würde hast Du uns geschenkt

Autobiographische Erzählungen aus der Jugendzeit

www.tredition.de

Copyright © 2018: Andriana Andreou
Lektorat: Erik Kinting – www.buchlektorat.net
Umschlag & Satz: Erik Kinting
Titelbild: © Mykhaylo Pelin (123rf.com)

Verlag und Druck:
tredition GmbH
Halenreie 40-44
22359 Hamburg

ISBN 978-3-7439-5742-8 (Paperback)
ISBN 978-3-7439-5743-5 (Hardcover)
ISBN 978-3-7439-5744-2 (e-Book)

Bibliografische Information der Deutschen Nationalbibliothek:
Die Deutsche Nationalbibliothek verzeichnet diese Publikation in der Deutschen Nationalbibliografie; detaillierte bibliografische Daten sind im Internet über http://dnb.d-nb.de abrufbar.

Inhalt

Vorwort

Da keiner von uns vollkommen ist und keiner behaupten kann, er sei unfehlbar, müssen wir, um zu einem gegenseitigen Verstehen und friedlichen Auskommen zu gelangen, auch die Wahrheit der anderen akzeptieren und bereit sein, die Dinge auch aus deren Perspektive zu sehen. Es liegt in der Verantwortung eines jeden Einzelnen, zu hinterfragen, ob das, was einem als gesellschaftliche Normen und Traditionen sowie Religion vorgegeben wird oder was man aus den Medien erfährt, auch seine Richtigkeit hat und wessen Erwartungen dadurch erfüllt werden sollen.

Das Buch schildert verschiedenartige andauernde Konflikte auf mehreren unterschiedlichen Ebenen, insbesondere Beeinträchtigungen der Würde und Selbstbestimmung eines jungen Mädchens aus einem Dorf im Norden Griechenlands.

Einen Anlass für Konflikte bilden die Charaktere der Eltern des Mädchens: Ihr Vater ist überzeugter revolutionärer Kommunist, der das gegenwärtige Gesellschaftssystem ändern will, Religion und Kirche generell ablehnt. Er ist arm, durch seine Jugend traumatisiert und mit seiner Familie am unteren Rand der Gesellschaft ansässig. Die Mutter des Mädchens ist eine geduldige angepasste Bürgerliche, deren Sorge hauptsächlich darin besteht, dass ihre Töchter einen Mann finden, der ihnen ein Auskommen bieten kann. Beide Eltern gehen, um Geld zu verdienen, als Gastarbeiter nach Deutschland, leben dort in einfachsten Verhältnissen und geben ihre Kinder in die Obhut der Großeltern, die in dem Dorf in Griechenland bleiben. Später holen die Eltern die Kinder nach Deutschland. Das Verhältnis der Kinder zu ihren Eltern ist distanziert und angespannt.

Die Integration in die deutsche Gesellschaft inklusive Schulbesuch ist ein weiteres konfliktbesetztes Thema.

Ein ebenfalls beherrschendes Thema ist die alte, aber hochgehaltene Tradition, bei der überkommene Rituale beachtet werden und in der noch das Gesetz der Blutrache gilt. Zu dieser fragwürdigen Tradition gehört auch, dass die Dorfbewohner nur Menschen aus der eigenen Sippe heiraten sollen.

Weil das Mädchen, von dem die Geschichte handelt, besonders schön ist und auch den weiteren Erwartungen der Tradition entspricht, bemüht sich eine reiche Familie des Dorfes, das noch minderjährige Kind als Braut für ihren Sohn zu gewinnen. Dabei spielt für die Mutter des Sohnes nicht etwa eine entscheidende Rolle, dass das Mädchen besonders wissbegierig und intelligent ist, sondern dass es aus besonders armen Hause stammt, mit einem sozial umstrittenen wenig angesehenen Vater. Vor diesem Hintergrund erwartet die zukünftige Schwiegermutter von der Schwiegertochter absoluten Gehorsam und Willfährigkeit.

Die bitteren Erfahrungen dieses leidenschaftlichen Lebens zeigen, dass es notwendig ist zu hinterfragen, ob das, was einem gesagt und befohlen wird, auch richtig ist: die Zwänge der Gesellschaft, die alten Traditionen, die Religion. Der Mensch hat selbst die Verantwortung zu entscheiden, ob er in einem ungerechten patriarchalischen überholten System leben will oder nicht.

Dagegen zu kämpfen und aus einem patriarchalischen und sozial ungerechten, auf Gewalt basierendem System herauszukommen erfordert Mut, Courage und die Bereitschaft, den Preis dafür zu bezahlen.

Man darf sich nicht entmutigen lassen und muss kämpfen: für die persönliche Würde, die Freiheit und ein selbstbestimmtes Leben – auch für die anderen. Wer den Kampf um die Menschenwürde aufgibt, der hat auch den Glauben an Gott und den Sinn des Lebens verloren.

Verzeihen und Vergeben führt am Ende zu innerer Freiheit und Frieden.

Andriana Andreou

Rückbesinnung und Anrufung

Jeden Morgen schenkt der unendlich große Himmel unserer Erde erneut den Aufgang und das Wiedererscheinen der strahlend leuchtenden Sonne, was nicht nur fröhliches, glückliches Singen und Zwitschern unzähliger munterer Vögel auslöst, sondern auch unseren Herzen Wärme und Licht bringt, alle Finsternis und Kälte hinwegnimmt, die uns in falschen Vorstellungen und Unwissenheit immer wieder straucheln und dem Irrtum anheimfallen lassen. So lass uns nun doch auch wieder neu Hoffnungen schöpfen und mit Freude und Dankbarkeit die Tage und den Schöpfer loben und preisen.

Dem Werke Deiner Hände, lieber himmlischer Vater, gedenke ich in Staunen und Ehrfurcht. Offenbart hast Du Dich überall, in den Sternen und ihren fernen Höhen bis in die Abgründe und Tiefen der Meere – und auch in uns Menschen. Es gibt keinen Ort, wo Du nicht bist. Und noch nie gab es eine Zeit, wo Du nicht warst. Zeige mir Deine Wege, lasse mich Deine Botschaft hören und Deine Gerechtigkeit verstehen. Ich vertraue Dir. Nimm meinen Kummer von mir und auch von den Menschen, denen ich aus Unwissenheit Kummer bereitet habe. Denn Du bist mein Gott und ihr Gott. Auf Dein Erscheinen harre ich. Ich zähle, wie viele Sommer und Winter, wie viele Frühlingswinde und Herbststürme über meinem einsamen Warten übers Land ziehen.

Weißt Du auch, lieber himmlischer Vater, was mit mir war und geschah, vor vielen, vielen Jahren? Vor jetzt genau 44 Jahren? Natürlich weißt Du es, Du warst immer dabei, obwohl Tage, Wochen, Monate, Jahre, Ewigkeiten eigentlich nichts für Dich bedeuten. Was sollte die Zeit für Dich auch sein? Du bist der Herr der Welt und der Zeit und stehst selbst außerhalb aller Zeit. Du lässt Zeit mit all ihren Inhalten auf Deinen Ruf hin erscheinen und dann, wenn Du die Zeit gesehen und betrachtet hast, wenn Du genug von ihr hast und von ihren Früchten, dann lässt Du die Zeit mit ihrem ganzen schalen Geschmack von süß und bitter und dem Ansehen von Schönheit und Hässlichkeit auch wieder vergehen und verschwinden. Wenn Inhalte der Zeit im Bewusstsein oft so schmerzlich sind, Ängste erregen und verderblich sein können, krank machend, ist das wohl auch gut so.

Was die Zeit an Demütigungen und Kränkungen so mit sich bringt, kann ausweglos sein, furchtbar, wie fiebrige nächtliche Albträume. Selbst Erinnerungen eines wachen Bewusstseins wollen die Inhalte der Zeit und von Träumen oft lieber nicht festhalten.

Davon will ich berichten und Dir auch von den Irrtümern erzählen, denen ich und auch meine Familie ausgesetzt waren.

Großvaters Berg

Ich war damals ein kleines Mädchen auf dem Land, in einem Dorf im Norden von Griechenland in den Bergen. Ich war vier Jahre alt. Du kennst die Gegend, denn Du bist nicht nur Herr der Zeit, sondern auch Herr des Raumes, der alle Räume im Himmel und auf Erden erschaffen hat und auch die zwischen den beiden Welten. Dieser Raum, diese Gegend, dieser Ort, in welchem Du mich aufwachsen ließest, wo ich lernte zu laufen und zu sprechen, wo mich andere Kinder und Leute zum Lachen und zum Weinen brachten, liegt unmittelbar an der Grenze zu Albanien.

Die Leute in dieser Gegend sprechen einen sehr eigenen Dialekt, unabhängig von der Grenze. Es ist Griechisch und doch nicht Griechisch. Regierungen von Staaten meinen unglücklicherweise meist, Grenzen festlegen zu müssen, sie bauen Zäune, erheben auf Waren Zoll und bestellen Grenzbeamte, die bunte Uniformen tragen müssen und von Leuten, die über die Grenze wollen, Reisepässe oder Ausweispapiere verlangen. Aber in meiner Gegend kümmerte sich niemand darum. Hüben und drüben sprach man den gleichen Dialekt und die Leute heirateten auch über die Grenzen. Ein Besucher aus Athen hätte den Dialekt, den unsere Dorfbewohner sprachen, kaum verstanden. Aber wir waren alle vom Blut her Griechen und sehr stolz auf unser Land, unsere Herkunft und unsere Geschichte, nicht nur wegen unserer Philosophen der Antike und den Mythen und Göttern, die früher dort herrschten und angebetet wurden.

In meinem Herz und Geist musst Du, Himmlischer Vater, damals schon immer tief verinnerlicht gewesen sein, auch wenn mein irdischer Vater mir den Glauben an Dich streng verbot und auszutreiben versuchte. Mein Vater, der war leider ein gottloser Kommunist. Sein Glauben, seine Hoffnung waren die Lehren von Karl Marx und Lenin und der dialektische Materialismus. Dass mein Vater Kommu-

nist wurde, hatte seine Gründe. Ich werde später darauf zurück-
kommen. In gewisser Weise war er ein Idealist.

Wenn der Vollmond aufging über dem Berg des Großvaters – damals waren die Nächte meist klar und am Himmel strahlten unendlich viele helle Sterne – dachte ich, ich bräuchte nur den Berg er-
klimmen und dann wäre ich bei Dir, in meines Vaters Haus, im
Himmel, wo Zuflucht zu finden ist. Ich war mir sicher, ich könnte
bald bei Dir sein.

So nahm ich meine etwas ältere Schwester an die Hand und sagte zu
ihr:»Lass uns zu meinem Vater gehen, da oben ist Sein Haus.« Und
wir gingen los, an einem Abend im Sommer, als der Vollmond die
ganze Gegend mit seinem Licht erleuchtete, sodass wir uns zwischen duftenden Kräutern und Gräsern, Sträuchern, Löchern und
Steinen auf dem Weg in die Höhe ganz gut zurechtfanden. Je höher
ich mit meiner Schwester den Berg hinaufkletterte, desto höher
stieg auch der Mond am Himmel. Das war merkwürdig.

Irgendwann fühlten wir, dass unser Ziel und auch der Weg zu weit
für uns waren. Traurig und betrübt kehrten wir um, gingen wieder
zurück nach Hause. Die Großmutter wartete schon mit dem Abendessen und ihre Gesichtszüge zeigten, dass sie sich Sorgen gemacht
hatte über das Ausbleiben ihrer Enkelkinder.

Meine Großmutter war eine starke Frau, die viel im Krieg erlebt
hatte. Griechenland hat immer wieder Kriege erlebt. Warum das so
sein musste, hat mir noch nie jemand richtig erklären können. Auch
die Großmutter konnte es mir nicht begreiflich machen. Die Sonne,
die für das Wachstum der Felder und reiche Ernten benötigt wird,
scheint ja auch über anderen Gegenden und wenn es allzu trocken
ist, lässt Gott, der alles gemacht hat, es auch in anderen Regionen
regnen. Doch andere Völker wollten immer wieder unser Land,
unsere Bodenschätze, auch unsere Frauen, und verwickelten uns in

Kriege. Dabei weiß eigentlich jeder, dass Kriege nur Leid und Unglück bringen und den Menschen nichts als Not und Armut. Großmutters Kinder, darunter auch meine Eltern, sind als Gastarbeiter nach Deutschland gegangen und haben mich und meine Geschwister in ihrer und Großvaters Obhut gelassen. Es gab nicht genug Verdienstmöglichkeiten in unserem Land – wenn man nicht verhungern wollte, musste man weggehen. Man war frei sich zu entscheiden, aber den Konsequenzen der Entscheidung konnte niemand sich entziehen. So gingen also unsere Eltern nach Deutschland. Dort schien manches besser. Der Zweite Weltkrieg mit seinen Schrecken war überstanden, das Land musste wieder aufgebaut werden. Dazu brauchte Deutschland Arbeitskräfte.

Den Berg, den ich hochgehen wollte, um zu Dir, lieber Gott, zu kommen, haben wir übrigens den *Berg Großvaters* genannt. Mein Großvater ging dort immer nachmittags mit uns spazieren und erzählte uns unter dem Gebimmel der Glöckchen unzähliger Schafe, die um diese Zeit von der Weide zurück in den Stall geführt wurden, viele Geschichten. Großvater erzählte über seine Zwillingsschwester, die nach seinen Worten sehr schön gewesen war. Er erzählte, dass sie sich umbrachte, weil sie einem Mann versprochen war, den sie nicht liebte. Sie war damals noch ganz jung, erst 16 Jahre alt. Es gab damals auf dem Land Gebräuche und Traditionen, die sehr schlimm waren. Dazu gehörten im Patriarchat der Vlachen auch die arrangierten Kinderehen. Das Mädchen wusste: Wenn sie sich dieser versprochenen Ehe verweigern würde, würde man ihren Bruder zur Rechenschaft ziehen und ihn umbringen. Es herrschte das finstere Gesetz der Blutrache zwischen den Dörfern. Um ihren Bruder zu schützen, hat sie sich dann in einem Fluss außerhalb des Dorfes umgebracht, indem sie sich ertränkte. Ich verstehe heute nicht, wieso die orthodoxe Kirche solche Traditionen von Zwangsehen zuließ.

Ich habe auch nicht gefragt, ob der Selbstmord des Mädchens zum Schutz meines Großvaters erfolgte. Ich traute mich nicht zu fragen. Aber ich spürte, wie Großvater an dieser traurigen Geschichte litt, obwohl das Geschehen lange zurücklag.

Trotzdem war es meine schönste Zeit, als ich bei meinen Großeltern sein durfte. Ich fühlte mich so geliebt, verstanden und frei. Alles was ich brauchte, was mir wichtig war, hatte ich, auch die Natur mit ihrer wunderbaren Schönheit und ihren verborgenen Geheimnissen.

Die Eltern

Ich wuchs also nicht bei meinen Eltern auf. Weil meine Großeltern sehr liebevoll waren, vermisste ich meine Eltern nicht. Nur ab und zu kamen meine Eltern aus Deutschland. Mein Vater konnte etwas öfters in unser Dorf kommen, sodass ich ihn besser kennenlernte als Mutter. Für ihn war es die Heimat und unsere Großeltern waren seine Eltern.

Bei meiner Mutter war das anders. Ihr war es nur selten möglich zu kommen, warum, weiß ich bis heute nicht recht. Möglicherweise war die lange Reise einfach zu teuer. Vielleicht war das Verhältnis meiner Mutter mit ihren Schwiegereltern auch nicht so gut. Mutter war mir deshalb eher fremd. Als sie mal aus Deutschland kam, wollte sie in der Nacht, dass meine Schwester und ich in ihren Armen einschlafen sollten. Meine älteste Schwester wollte das nicht und hat sich sehr dagegen gesträubt, das machte Mutter sehr traurig. So bekam meine Schwester von Mutter eine Ohrfeige. Da gab es dann natürlich Tränen und ein großes Geheul. Meine Mutter hatte aus purer Verzweiflung so reagiert. Sie hatte sich auf ihre Töchter gefreut und sicher etwas anderes von ihnen erwartet. Nun dachte sie, wir würden sie nicht lieben, das war zu schmerzlich für sie. Wie auch immer: Wir kannten sie einfach nicht, weil sie fast immer abwesend war.

Unsere Begegnungen standen leider öfter unter keinem guten Stern. Meine Mutter hatte einmal, als sie aus Deutschland zurückkam, für uns Kinder etwas zum Anziehen mitgebracht, wohl ein Kleid, und wollte es meiner Schwester anziehen. Diese wollte es aber nicht. Als meine Mutter an meiner Schwester zerrte, um ihr es dennoch anzuziehen, kam gerade Großvater dazu. Als mein Großvater sah, dass meine Mutter an meiner Schwester herumzerrte, um ihr etwas anzuziehen, was sie aus Deutschland mitgebracht hatte, hat er mit

ihr sehr geschimpft. Er sagte: »Was machst du da, Schwiegertoch-
ter. Du kannst das Kind nicht zwingen, es kennt dich gar nicht.«
Meine Mutter ließ von meiner Schwester ab und fing an zu weinen.
Mir tat sie leid und ich ging zu ihr, um sie zu trösten.

Ich weiß noch von einer anderen Begegnung zu erzählen: Einmal,
als unsere Mutter aus Deutschland kam, um uns zu besuchen, waren
wir noch im Kindergarten. Von ihrem anstehenden Besuch hatten
wir nichts erfahren. Dann, als wir vom Kindergarten zum Haus der
Großmutter zurückkamen, war da plötzlich *diese Frau*. Sie wollte
auf uns zu laufen. Ich erschrak, versteckte mich hinter meiner
Schwester und sagte »Maria, wer ist diese Frau? Sie sieht aus wie
unsere Mutter.« Das muss ihr sehr wehgetan haben. Sie konnte
nichts dafür. Und wir eigentlich auch nicht.

Meine Mutter war die einzige Tochter ihrer Eltern und hatte vier
Brüder. Ihre Eltern hatten sie sehr lieb und als einziges Mädchen
wurde sie ziemlich verwöhnt. Trotz der wirtschaftlich schweren Zeit
damals, Ende der 40er-Jahre, hatte meine Mutter alles, was andere
Kinder nicht hatten. Als sie meinen Vater kennenlernte und ihn heiratete, war sie eine wohlbehütete Tochter aus gutem Hause.
Meine Großeltern von Mutters Seite hatten uns auch sehr lieb. Sie
verstanden sich aber nicht so gut mit meinem Vater, da er seine
Frau, also ihre Tochter, nicht gut behandelte. Sie wurde oft von ihm
geschlagen, auch vor unsere Augen.
Meine Mutter wollte eigentlich gar nicht, dass wir zu den Großeltern gebracht wurden, aber sie hatte keine Chance, sich gegen
meinen Vater durchzusetzen. Mit der Zeit wehrte sich nicht mehr.
Das Komische an der ganzen Geschichte ist, dass meine Mutter
meinen Vater trotzdem sehr liebte und ihm bis heute treu geblieben
ist. Man muss dazu wissen, dass mein Vater eine sehr schwere
Kindheit hatte, die sein ganzes Leben prägte. Seine rebellische Ver-

anlagung, seine Sturheit, sein Drang nach Freiheit und Unabhängigkeit sind darauf zurückzuführen. Aber er war auch sehr autoritär und wollte, dass alle das tun, was er sagte. Er liebte es, uns Angst einzuflößen. Damit meinte er, Respekt und Gehorsam zu erlangen. Weißt Du, lieber himmlischer Vater, er konnte eigentlich auch nichts dafür. Als er noch ein Kind war, herrschte in Griechenland Krieg, danach dann der Bürgerkrieg. Er hat miterlebt, wie Dorfbewohner von den Nazis verbrannt wurden, wie seine Eltern gefoltert wurden, um zu verraten, wo ihr ältester Sohn steckte, der als Partisan und Freiheitskämpfer in den Bergen war. Partisanen aus der Bevölkerung verübten Sabotage, bekämpften Kollaborateure und sprengten bei günstiger Gelegenheit Brücken, Eisenbahntrassen oder Straßen, über welche den feindlichen Truppen der logistische Nachschub an Nahrungsmitteln, Waffen und Munition geliefert werden sollte. Sie beteiligten sich als Teil einer Widerstandsbewegung gegen die Besatzungsmächte außerhalb der regulären Streitkräfte am Krieg. Partisanen waren wegen ihrer Störaktionen bei den Deutschen Truppen in Griechenland gefürchtet und zur Abschreckung zukünftiger Partisanenaktionen wurden deshalb immer wieder grausame Exempel an der Zivilbevölkerung vollstreckt.

Mein Vater vergötterte seinen älteren Bruder, wurde von ihm kommunistisch beeinflusst und erzogen. Und somit wurden Stalin, Lenin und Karl Marx seine Götter. Dementsprechend hat mein Vater auch die Geistlichen und die Kirchen gehasst. Für ihn standen sie auf gleicher Ebene wie Dämonen. Er sagte von ihnen, dass sie unser Hirn manipulieren, und verbot uns, in die Kirche zu gehen. Leider hat er auch Dich, Herr, mit den Religionen gleichgestellt und somit auch Dich gehasst. Als Kind hatte er auch eine sehr schwere Zeit, die von Schlägen und Missbrauch geprägt war. Mein Vater erzählte, dass er von seinem Vater an einen Großbauern verkauft wurde. Ihm sollte er als damals Sechsjähriger in den Bergen die Schafe hüten.

Wenn er nicht wollte oder mit den Schafen nicht zurechtkam, bekam er Schläge. Es ist alles so grausam, lieber Gott. Vater hat auch nur Gewalt erlebt.

Er wollte viele Söhne, aber stattdessen bekam meine Mutter erst drei Töchter, dann kam der ersehnte Sohn. Bei fünf Kindern hat er aufgehört, noch einen Sohn zeugen zu wollen. Er hat uns Mädchen oft seine Abneigung gezeigt, weil wir keine Jungen waren, wie er es eigentlich wollte.

Das alles brachte es mit sich, dass das Verhältnis zu meinen Eltern schwierig war und ich eigentlich nie das Gefühl hatte, dass sie meine Eltern waren. Auch meine Geschwister, die ich liebe, habe ich immer mehr als meine Freundinnen gesehen. Ich fühlte mich dieser Familie nicht zugehörig. Ich wusste, dass meine Familie woanders war. Diese Suche nach der Familie ist es wohl, die mich antreibt, sie immer wieder zu suchen. Öfters hatte ich das Gefühl, dass ich nicht aus dieser Familie stamme und dass Du, lieber Gott, mich aus irgendeinem Grund dorthin gebracht hast.

Ich habe als Kind immer alleine gespielt oder mit Freundinnen von der Schule. Ich hatte eine Freundin, die ich zu meiner Schwester erkor, obwohl ich richtige Schwestern hatte, die mich immer beschützen wollten. Aber ich fühlte mich nie als ein Teil von ihnen. Ich baute meine eigene Fantasiewelt auf und errichtete einen Kreis um mich, den niemand betreten durfte, wenn ich damit nicht einverstanden war. Es war ein geistiger, virtueller Kreis. Hinter ihm versteckte ich mich immer, wenn alles um mich von Gewalt beherrscht wurde.

Und nun noch ein Wort zu diesem Tag, als meine Mutter aus Deutschland kam. Ich weiß noch: Weil sie nicht traurig sein sollte, habe ich in dieser Nacht bei ihr geschlafen. Irgendwann ist die Mutter dann auch wieder gegangen. Sie musste ja in Deutschland arbeiten, als Gastarbeiterin. Sie hat damals in einem Krankenhaus bei Ordensschwestern gearbeitet, in Hamburg.

1960 hatte die Bundesrepublik Deutschland ein Abkommen zur Beschäftigung von Fremdarbeitern mit Griechenland vereinbart. Meine Eltern gingen 1963 nach Deutschland. Sie mussten sich durch ein Komitee von Ärzten untersuchen lassen, um festzustellen, ob sie kräftig genug waren zum Arbeiten. Meine Mutter war damals 18 und mein Vater 25, beide jung und stark. Sie kamen wie viele andere auch mit Sonderzügen nach Deutschland. Am Zielbahnhof wurden sie registriert, mit einer warmen Mahlzeit versorgt und auf die Züge verteilt, die sie zu ihren zukünftigen Arbeitgebern im Bundesgebiet fahren sollten. Dort wurden die meisten in Gemeinschaftsunterkünften untergebracht. Die Betriebe organisierten Dolmetscher, die den Ankömmlingen den Anfang erleichtern sollten. Sie erklärten, wie man in Deutschland einkaufte, Straßenbahn und Busse benutzte und halfen beim Anlernen am Arbeitsplatz.

In Deutschland hatten Kinder im Leben von Gastarbeitern keinen Platz, jedenfalls nicht am Anfang. Deswegen brachten mich meine Eltern mit sechs Monaten mit meinen beiden älteren Schwestern zu den Großeltern in Griechenland. Ähnlich war es auch bei vielen anderen Familien. Im Dorf blieben die Großeltern und die Kinder zurück. Wer gesund und kräftig genug war, ging nach Deutschland, um dort zu arbeiten und Geld zu verdienen. Als meine Mutter ging, spürte ich keinen Trennungsschmerz. Den musste ich ein paar Jahre später erleben, als ich von meinen Großeltern getrennt wurde.

Mein Vater konnte sich anderen nicht leicht unterordnen. Er hat deshalb nur wenige Jahre in einer Fabrik gearbeitet, irgendwo in Bielefeld, wo ich geboren wurde. Bielefeld ist eine Großstadt im Nordosten Nordrheinwestfalens. Arbeitsplätze fanden sich dort besonders in der Metallverarbeitung, beim Maschinenbau, Chemie und Bekleidung. Ich glaube, er war zu sehr traumatisiert als Kind, durch den Krieg und die Besetzung durch die Deutschen. Er wollte sich von dem deutschen Chef nichts sagen lassen, somit musste er sich schnell irgendwie selbstständig machen. Er hatte eine Taxi-Lizenz beantragt und diese auch bekommen. Dann fuhr er im Dorf in Griechenland ein eigenes Taxi. Ab und zu ging er wieder nach Deutschland, um seine Frau zu sehen.

Aber mit dem Taxi hatte Vater Probleme. Viele Dorfbewohner boykottierten seine Arbeit und fuhren lieber mit einem anderen Taxiunternehmer. Diesen bezeichnete mein Vater als seinen Erzfeind und nannte ihn einen Faschisten. Die Familie meines Vaters war eben nicht beliebt, weil sie eine kommunistische Vergangenheit hatte und deswegen, wie auch andere Kommunisten, polizeilich registriert war. Mein Vater machte sich sein Leben auch nicht gerade leicht. Wegen seiner politischen Überzeugung stritt er sich oft mit den Dorfbewohnern und beschimpfte sie als Faschisten. Kein Wunder, dass diese ihn dann boykottierten. Aber mein Vater hat sich trotzdem nie gebeugt.

Natürlich hatte mein Vater auch gute Seiten. Er hat uns sehr weltoffen erzogen. Für ihn gab es kein nationalistisches Denken. Ein Grund, warum er auch kein Freund der Kirche war, ist, dass die Kirche nationalistisches Gedankengut verbreitete. Da aber die orthodoxe Kirche in Griechenland sehr viel Macht hat, musste er sich bis zu einem gewissen Grad schon beugen, sonst hätte er aufgrund der Gesetze seine Bürgerrechte verloren. Jedenfalls versuchte er immer, den Lehren dieser Kirche entgegenzusteuern, was unsere Erziehung anbelangt. Im Kindergarten lehrten sie uns, Nationallieder zu singen – in diesen Liedern ging es um griechischen Nationalstolz. Im Text kam Völkerhass vor gegen Türken und Albaner. Als Kind lernt man, diese Lieder zu singen, aber nicht ihre Bedeutung. Aber mein Vater wusste, welche Macht die Lieder ausübten und wollte nicht, dass seine Kinder dieses Gedankengut verinnerlichten.

Für meinen Vater gab es das Proletariat und die Genossen. Die Genossen kamen aus allen Nationen dieser Welt, deswegen war nationalistisches Denken für ihn unannehmbar. Jedenfalls verbot er uns diese Lieder zu singen, die wir in der Schule lernten. Er sagte, dass diese Lieder Hass in unseren Herzen schüren gegenüber anderen Völkern. Die anderen Völker würden dasselbe machen. »Und daraus«, sagte er, »resultieren dann Kriege.« Zwei Sachen hat er immer gehasst: religiöses Gedankengut und Nationalstolz. Mein Vater sagte, dass dies beides das Unheil der Menschheit sei. Traurig nur, das er Dich, oh Gott, nicht von Religionen und ihren Lehren zu unterscheiden wusste. Für ihn war beides menschengemachtes Blendwerk.

Er spielte immer wieder mit uns und wenn er gut gelaunt war, hat er gesungen. Er hat uns viele Lieder beigebracht, darunter auch kommunistische revolutionäre Lieder. Damit wollte er, wie er immer sagte, dem verdorbenen imperialistischen System entgegensteuern. Vater erzählte uns auch Geschichten von seiner Kindheit, einer Kindheit, die geprägt war von Krieg, Gewalt und Hunger. Manchmal, wenn ich sah, dass er traurig war, habe ich ihm immer ein bestimmtes Lied vorgesungen und dabei getanzt. Und dann lachte er wieder.

Trotz seiner kommunistischen Ideen, die ich eigentlich gar nicht so schlecht fand, machte es mich traurig, dass in seinem Denken kein Platz für Dich, mein Gott, vorhanden war. Ich war mir sicher, dass Du existierst. Deswegen wollte ich auch zu Dir, aber mein Vater wollte es nicht. Er hat meine spirituelle Neigung gesehen und hatte Angst um mich, dass ich wegen der Religion verblöden könnte. Verblödung wäre, meinte er, an deine Existenz, oh Gott, zu glauben. Für ihn gab es Dich nicht. Die Zustände der Welt schienen ihm in gewisser Weise auch recht zu geben.

Meine Kindheit im Dorf

Bei uns im Haus hatten sich Schwalben ein Nest gebaut. Sie kamen jeden Frühling und jeden September haben wir zugeschaut, wie sie wieder weggeflogen sind. Ich und meine Schwester, die ein Jahr älter ist, liebten es, den Vögeln zuzusehen. Meine Schwester liebte die Vögel besonders. Mein Vater erklärte uns warnend, wenn man ihr Nest kaputt mache, würden die Schwalben nie wiederkommen.

Ich hatte mich mal mit meiner Schwester gestritten, nahm einen Stock und drohte, das Nest kaputt zu machen, wenn sie nicht aufhörte mich zu ärgern. Ich wollte eigentlich das Nest gar nicht kaputt machen, aber irgendwie rutschte mir der Stock aus und das Nest wurde beschädigt. Oh, was gab es da für Ärger. Meine Schwester fing an zu heulen, rannte zur Großmutter und sagte es ihr. Meine Großmutter drohte:»Warte, bis dein Vater kommt.« Ich hatte wirklich Angst, bin auch gar nicht ins Haus gegangen, obwohl ich Hunger hatte und das Abendessen so verlockend roch. Es wurde immer später und die Abenddämmerung kam. Ich wartete immer noch draußen, bis mein Vater kommen würde. Ob er gut gelaunt wäre? Dann würde die Strafe nicht so hart ausfallen. Irgendwann kam mein Vater und als er gegessen hatte, hat Großmutter es ihm gesagt. Ich sah sein erzürntes Gesicht, als er zu mir kam, doch statt wegzulaufen bin ich einfach in seine Arme gesprungen. Das hat ihn besänftigt. Er konnte gar nicht schimpfen oder mich schlagen. Wie er sagte, hat es ihm das Herz gerührt, dass ich in seine Arme lief statt wegzulaufen. Aber bis heute wirft er mir vor, dass die Schwalben sehr viele Jahre nicht wiederkamen.

Ich war immer bei allen sehr beliebt, auch im Kindergarten. Meine Kindergärtnerin, Frau Eleni, kam aus Zypern. Sie liebte mich wie ihre Tochter, was meinem Vater gar nicht gefiel. Einmal hat sie ihm seine Erziehungsmethoden vorgeworfen und kritisiert, während sie mich in ihren Armen hielt. Da riss er mich von ihr weg und sagte: »Ich werde nicht zulassen, dass meine Tochter eine Nutte wird wie du. Nur weil Andriana hübsch ist, wirst du sie mir nicht auf den Strich bringen.« Für mein Vater war jedes Mädchen, das studierte, eine Nutte – ein schreckliches Wort, lieber Gott, aber so drückte er sich aus. Ich wusste gar nicht, was er damit meinte, aber es war nicht das erste Mal, dass sich mein Vater mit dem Schulsystem anlegte, in dem Glauben, uns so besser beschützen zu können: Er brachte uns zur Schule, wann er wollte, brach auch unseren Schulbesuch mitten im Schuljahr ab, wechselte darüber hinaus öfters den Wohnort, was uns zwang, auch immer die Schule zu wechseln. Frau Eleni hat deswegen sehr geweint. Sie sah das Potenzial in mir, das es mir erlaubt hätte zu studieren. Ihr Fehler war nur, dies meinem Vater auch zu sagen.

Ich habe im Kindergarten mal eine Puppe geschenkt bekommen und nannte sie *Vicky*. Ich habe sie sehr geliebt. Eines Tages kamen die Kinder meiner Tante, um die Großeltern zu besuchen. Sie nahmen mir die Puppe weg, um mich zu ärgern. Ich hatte keine Chance, sie waren alle älter und kräftiger als ich. So haben sie mir meine Vicky kaputt gemacht.

Einmal, als ich mit meiner Schwester in den Kindergarten gehen wollte, waren dort die Türen zu. Nur die Köchin war da, eine kleine dicke Frau mit roten Wangen. Sie sagte uns, dass Frau Eleni nach Hause reisen musste, nach Zypern, um zu sehen, wie es ihrer Familie ging. Damals gab es auf Zypern eine türkische Invasion und deshalb Krieg. Wir sollten schnell nach Hause gehen, rief die Köchin, weil die Türken kämen.

Oh, lieber Gott, weißt du noch, wie ich gelaufen bin? Ich war noch nie so schnell zu Hause. Meine Großmutter war im Garten, ich rannte schnell ins Haus rein, verkroch mich unter dem Bett und schrie: »Großmutter, Großmutter, die Türken kommen, es gibt Krieg!« Ich wusste nicht mal, was Krieg bedeutet. Nur von den Erzählungen meiner Großeltern wusste ich, dass es so etwas gab. Aber im Moment fühlte sich alles so schrecklich bedrohlich an.

Was hat meine Großmutter nicht alles versucht, um mir die Angst zu nehmen und mich aus meinem Versteck herauszulocken. Aber nein, ich blieb unter dem Bett bis mein Magen knurrte und der Hunger mich zwang hervor zu kriechen.

Es war eine schöne Zeit im Dorf bei meinen Großeltern. Ich liebte es, im Kindergarten bei Festen Gedichte vorzutragen, im Gegensatz zu anderen Kindern, die sich bei solchen Gelegenheiten schämten und anfingen zu weinen.

Im Kindergarten gab es mitten im Raum einen Holzofen und im Winter musste jedes Kind jeden Tag zum Heizen einen Holzklotz mitbringen. Wenn es schneite, und der Schnee lag oft sehr hoch, brachte uns meine Großmutter zum Kindergarten. Sie nahm mich auf ihren Rücken, deckte mich mit einem selbst gemachten Flokati zu und trug mich hin. Ich sehe noch heute, wie ihre Füße im tiefen Schnee versanken.

Wir haben mittags dort im Kindergarten auch geschlafen und erst nachmittags machten wir uns auf den Weg nach Hause, am anderen Ende des Dorfes.

Wie ich dir sagte, lieber Gott, war ich sehr beliebt und jeder fand, dass ich sehr schön war. Ich war erst fünf Jahre alt, als ein älterer Mann zu meinem Großvater sagte: »Die Rusa«, so nannte man die blonden Mädchen, »wird die Frau meines Enkels werden.« Aber zu dem Kapitel komme ich noch. Ich vertraute jedem Menschen und sah nie das Böse.

Meine ältere Schwester, die Maria war das Gegenteil von mir. Maria war sehr misstrauisch und vertraute niemandem. Sie war auch sehr vorsichtig, ich aber gar nicht. Deswegen dachte sie immer, sie müsse mich beschützen, auch heute noch.

Als wir einmal vom Kindergarten nach Hause wollten, kam uns der Nachbarjunge entgegen. Er war damals 16. Er wollte erst meine Schwester locken, aber sie vertraute ihm nicht. Dann kam er mit Schokolade zu mir – ich liebte Schokolade. So ließ ich ihn mich in seine Arme nehmen. Ich ahnte nichts Schlimmes. Wie denn auch, ich war nicht mal vier Jahre alt. Obwohl meine Schwester nur ein Jahr älter war, hat sie etwas Schlimmes befürchtet und lief los, um meine Großmutter zu holen. Meine Großmutter kam dann mit einem Stock und schrie: »Lass das Mädchen los, sonst bringe ich dich um!« Ich weiß noch, dass der Junge schnell seine Hose hochzog. Als meine Schwester losgelaufen war, um Hilfe zu holen, hatte er mich losgelassen und sich selbst befriedigt. Mir ist nichts passiert, ich verstand das Ganze auch nicht. Erst viel später, als meine Großmutter die Geschichte erzählte, wurde mir bewusst, welcher Gefahr ich ausgesetzt war.

Ich liebte es, auf dem Großvaters Berg zu spielen und wartete dann darauf, dass Großmutter uns zum Essen rief. Um die gleiche Zeit kehrten regelmäßig auch die Schafe zurück in den Stall. Manchmal, im Sommer, haben wir den Schafen, wenn sie an unserem Haus vorbeizogen, Schalen von Wassermelonen zum Futtern hingeworfen. Noch immer höre ich ihre Glöckchen bimmeln. Auch der Geruch der Natur ist mir noch gegenwärtig. Es waren Rosen, die so wunderbar dufteten, und das frische Gras nach dem Regen.

Die Sterne leuchteten nachts so, dass ich dachte, sie würden die Erde berühren. In solchen Nächten liebte ich es, draußen auf der Veranda zu sitzen, um Dich vielleicht irgendwo da oben im Sternenhimmel erblicken zu dürfen.

Großmutter hat gegen Vaters Verbot jeden Abend und Morgen mit uns gebetet. Wir drei Schwestern schliefen alle mit der Großmutter im gleichen Bett und auch der Großvater hatte sein Bett im gleichen Raum. Die anderen zwei Zimmer durften wir nicht betreten, vor allem nicht das Zimmer, das wir *Vaters Zimmer* nannten.
Da durfte keiner rein, nur der Vater, wenn er mal wieder aus Deutschland kam. Dann hat Vater immer seine Genossen zu sich eingeladen. Sie spielten dann Musik, sangen revolutionäre Lieder, sprachen über die politische Lage und über das, was die kommunistische Partei so lehrte. Auch die Lehren von Lenin und Karl Marx wurden dort studiert. Zwei von diesen Genossen wollte Vater dann für seine zwei älteren Töchter zum Mann haben. Natürlich wurden meine Schwestern nicht gefragt. Sie mussten einfach mit denen einen Ausflug machen, um sich besser kennenzulernen. Meine ältere Schwester war damals 15 und meine zweitälteste 14 Jahre alt. Gut, dass ich noch nicht an der Reihe war und somit noch nicht in Gefahr. Aber als mein Vater sah, das viele Erwachsene aus dem Dorf kamen, um mich zur Frau für ihre Söhne zu werben, obwohl ich zwei ältere Schwestern hatte, verbot er mir, wenn Besuch aus dem Dorf kam, aus dem Zimmer zu gehen. Nur meine zwei älteren Schwestern durften gesehen werden. Es gehörte sich nicht, erst die Jüngere und dann die Ältere zu vermählen. Vater hatte Angst, dass seine älteren Töchter im *Regal bleiben* könnten, wie er sagte. Jedenfalls ist aus diesem Plan meines Vaters hinsichtlich seiner zwei Genossen und meinen Schwestern nichts geworden.

Das andere Zimmer im Haus war das Zimmer meiner Mutter. Sie bestand darauf, wenn sie aus Deutschland kam, dass wir nachts bei ihr schliefen.

Aber es war sehr schön, wenn wir alle zusammen bei der Großmutter schliefen. Die erzählte dann ihre Geschichten von früher oder Märchen, während im Kamin das Feuer knisterte. Sie erzählte über des Nachbars Tochter, die sich in jemanden verliebt hatte, der nicht aus unserem Dorf kam. Ihre Eltern verweigerten ihr die Ehe mit ihm und schlossen ihre Tochter zu Hause ein. Irgendwie schaffte sie es aber auszubrechen und traf sich mit ihm heimlich. Dann hat er sie entführt und danach haben sie geheiratet. Noch 20 Jahre später durfte sie nicht ins Dorf kommen und jeder nannte sie *Hure*. *Hure*, weil sie sich das Recht nahm, sich zu verlieben und einen Mann zu heiraten, der nicht aus dem Dorf stammte. Traditionen des Patriarchats mit schrecklich engstirnigen Vorstellungen beherrschten das Leben der Vlachen auf dem Land in Griechenland. Ich aber fühlte mich bei den Großeltern geborgen und geliebt.

Ich sah öfters meiner Großmutter zu, wie sie Schafswolle färbte und dann die Wolle im Spinnrad zu Fäden webte. Danach webte sie die schönen Flokatis auf ihrem Webstuhl. Ich bewunderte Großmutters starke Hände. Die Flokatis, die sie machte, waren für mich und meine Schwestern gedacht, wenn wir heiraten würden. Als Mitgift. Bis dahin bewahrte Großmutter die schönen Flokatis in einer Truhe auf, für jede von uns einen.

Großmutter sang oft Klagelieder. Sie sang über ihre hübsche Tochter, die im Krieg gestorben war, über ihren Sohn, den Partisan, den man hinterhältig erschossen hatte, kurz bevor der Krieg endete. Großmutter sang auch Lieder über ihre Schwester, die mit den Schafen, die sie auf der Weide hatte, nicht zurückkehren konnte, weil innerhalb von Stunden die Grenze zwischen Griechenland und Albanien errichtet wurde. Ihre Schwester ist dann im albanischen

Teil geblieben, der Stunden zuvor noch griechisch war, und konnte nicht mehr zurück. Großmutter sang über ihre anderen Kinder, die in die Fremde zogen, und über vieles, was sie bedrückte. Diese Lieder nannte sie *Miroloi*. Sie beklagte singend ihre Schicksalschläge, wie sie sagte: die *Moiren*.

Meine Großmutter war auch eine Heilerin. Sie wusste, was zu tun war, wenn jemand krank wurde. Sie konnte auch Frauen bei der Geburt helfen. Sie wusste über Rituale gegen böse Geister und gegen den bösen Fluch. Sie sah Personen, die für andere nicht sichtbar waren. Sie sagte öfters, dass ihr eine schwarz gekleidete Frau erschienen sei oder ein Reiter. Dann meinte sie, es wäre der St. Georg. Großmutter glaubte, dass ihre Familie verflucht sei, weil es im Haus immer Streit und Unruhe zwischen ihren Kindern gab.

Einmal ging sie in der Abenddämmerung raus in den Garten und schlug die Erde mit einem Stock, dabei sprach sie etwas Unverständliches. Ich rief ihr zu:»Oma, was machst du da?« Da sagte Großmutter, ich solle reingehen, sie vertreibe das Böse und mache etwas, damit nie mehr ein Fluch ihre Familie treffen solle.

Irgendwie schien mir das unheimlich, lieber Gott. In meinem Dorf beschäftigten sich aber sehr viele Leute mit schwarzer Magie. Ich spürte manchmal diese Kälte und negative Energie. Ich wusste aber auch, dass Du, Gott, immer da bist und ich somit eigentlich keine Angst zu haben brauchte.

Sonntags gingen wir in die Kirche – natürlich nur, wenn mein Vater nicht da war. Alle Kinder mussten sich in der Schule versammeln. Wir trugen Uniformen, der Klassenbeste durfte die Nationalflagge tragen und wir gingen wie Soldaten in einer Reihe zur Kirche. Immer abwechselnd musste ein Kind das *Vaterunser* vortragen. Einmal war meine größere Schwester dran, die Toula; die Arme vergaß unglücklicherweise den Text. Ich brauchte da noch nicht mitzumachen, da ich noch im Kindergarten war. Meine Schwester Toula ging damals aber schon in die dritte Grundschulklasse.

Wir gingen auch öfters mit meinem Großvater auf dem Dorfplatz spazieren. Nachmittags sammelten sich alle alten Männer vom Dorf auf der Platia des Dorfes. Da saßen sie dann und rauchten Arjile. Die Kinder spielten in der Nähe. Ich aber liebte es auf Großvaters Schoß zu sitzen und den Geschichten dieser alten Männer zu lauschen.

Ostern war natürlich eine besonders schöne Zeit. Alles blühte und duftete. In der Karwoche sammelten wir Blumen von den Feldern und schmückten den Epitafio; am Karfreitag trugen wir den Epitafio dreimal um die Kirche, das war ein sehr trauriger Tag. In meiner kindlichen Naivität dachte ich, dass Du an diesem Tag nicht mehr existieren würdest. Da war ich sehr unglücklich. Den ganzen Freitag läuteten die Trauerglocken und am Sonntag feierten wir dann das Osterfest. Wir gingen um Mitternacht zur Kirche, um das heilige Osterlicht zu holen, und gingen dann vorsichtig nach Hause, damit die Kerze nicht verlosch. Zu Hause zündete meine Großmutter dann mit der Flamme der Osterkerze die Öllampe vor der Ikone an.

Großvater drehte Sonntags den Lammbraten am Spieß und es gab ein schönes Fest. Manchmal kamen dann auch meine Onkel, Vaters Brüder. Da haben wir dann Ausflüge in die Natur gemacht. Vor allem Onkel Theo war sehr naturverbunden und zeigte uns viel Schönes. Er spielte gut Ziehharmonika und Mundharmonika und wir sangen dann zusammen Lieder.

Onkel Theo war sehr gebildet. Er war als Kind nach Rumänien gebracht worden, in eine Pflegefamilie, und hatte dort studiert. Nach den Bürgerkrieg in Griechenland hatte die kommunistische Partei alle Kinder, die aus kommunistischen Familien kamen oder die ein Familienmitglied als Partisan im Krieg hatten, in Staaten, wo der Kommunismus herrschte, in Pflegefamilien untergebracht. So konnten diese Leute dort alle studieren. Somit kehrte Onkel Theo sehr gebildet zurück und lebte dann später auch in Deutschland. Er muss viel Geld verdient haben, da er Anfang der 70er-Jahre einen Porsche fuhr, als die Leute bei uns im Dorf noch auf Eseln ritten.

Die Reise in die Fremde

Mein Vater liebte und bewunderte seinen Bruder sehr, stritt sich aber auch oft sehr heftig mit ihm. Er konnte es nicht ausstehen und hat es gehasst, wenn Onkel Theo ihn belehrte, was gut oder schlecht sei. Onkel Theo war auch sehr kommunistisch geprägt, aber nicht so streitlustig wie mein Vater, wenn es in Gesprächen um politische Themen ging. Trotzdem beeinflusste Onkel Theo meinen Vater in wichtige Entscheidungen sehr.

Es fand mal wieder so ein großer Streit statt; mein Vater war gerade im Dorf und Onkel Theo kam auch. Als ich in Mutters Zimmer im Bett lag, mit meinen zwei älteren Schwestern und meinem Bruder, hörte ich einen lautstarken Streit zwischen Vater und seinem Bruder. Großmutter ging dazwischen und versuchte zu schlichten. Onkel Theo warf meinem Vater vor, er wäre kein guter Vater. Ich hörte noch wie meine Großmutter ihn anflehte, mit solchen Sprüchen aufzuhören. In diesem Augenblick wusste ich, dass sich mein Leben verändern würde.

Sobald der Morgen kam, mussten wir uns anziehen und fuhren mit Vater und dem Onkel in die Stadt. Meine Großmutter hatte verweinte Augen. In der Stadt gingen wir zu einem Fotografen, der von uns Fotos für den Reisepass machte.

Als wir ins Dorf zurückkamen, hatte unsere Großmutter Proviant für die Reise vorbereitet: selbst gebackenes Brot, Pita und einiges aus ihrem Garten. Die Reise sollte nach Deutschland gehen. Wir wurden aus unserem Alltag gerissen, von unseren Freunden, ohne uns seelisch vorzubereiten, einfach wegen eines Streits der Brüder. Meine Großmutter konnte mich nicht beruhigen. Ich schrie nur, dass ich nicht weg wolle. Großmutter weinte auch und sagte: »Jiani, lass die Kinder hier.« Sie gab mir und meinen Geschwistern je ein Tuch, das sie in ihrer Truhe hatte und das etwas nach ihr roch. Ich weiß noch, wie sie uns winkte, während das Auto losfuhr und sich immer weiter entfernte.

Zum ersten Mal in meinem jungen Leben, mit fünf Jahren, musste ich den Schmerz kennenlernen, der wie ein Dolch das Herz durchschneidet – den Trennungsschmerz von meinen lieben Großeltern. Da stand der Großvater, wie eine aufrechte Zypresse, sein Gesicht versteinert vom Schmerz; er stützte sich mit seinem Hirtenstock. Den nahm er immer mit, wenn wir *seinen* Berg hochkletterten. Und meine Großmutter stand schluchzend da und winkte, bis ich sie nicht mehr sehen konnte. Ich meinte ihr Tuch zu riechen und hatte das Gefühl, sie wäre doch noch da.

Ich weinte, bis ich einschlief, wachte auf und weinte weiter. Es hat auch nicht geholfen, dass mein Onkel mich in seinen Porsche setzte. Was interessiert eine kindliche Seele, die Trennung und Abschied schmerzt, ein Porsche?

Wir kamen nachts in Hamburg an. Bis dahin hatte ich bis zur Erschöpfung geweint und habe dann geschlafen. Die Lichter, die Ampeln, die Autos, die Menschen – es war eine ganz andere Welt. Da erst habe ich aufgehört zu weinen, da ich nicht mehr wusste, was das alles bedeuten sollte.

Irgendwann kamen wir zu einem grauen Gebäude. Mein Vater stieg aus und wir warteten im Auto. Eine Frau kam heraus, sie hatte eine weiße Schürze an. Es war meine Mutter. Sie war sehr überrascht, da sie nichts von den Plänen ihres Mannes wusste. Sie dachte, wir seien im Dorf bei den Großeltern. Sie haben sich gestritten. Meine Mutter sagte noch: »Wo sollen die Kinder jetzt hin?« Sie lebte in einem Schwesternwohnheim, wie ich später erfuhr, da sie in einem Krankenhaus arbeitete. Sie durfte uns dorthin nicht mitnehmen.

Ich weiß nicht mehr, lieber Gott, wo wir dann landeten.

Mein Vater gab sein Bestes, um uns fröhlich zu stimmen, aber es gelang ihm nicht. Ich war auf einmal in eine fremde Welt gekommen – von einem Dorf aus dem Norden Griechenlands nach Hamburg. Ein grauer regnerischer Himmel, keine Sterne, keine Rosen, die dufteten, kein blauer Himmel und keine Berge.

Meine Eltern mussten sich schnellstens darüber klar werden, wo wir jetzt leben sollten. Sie entschieden sich, erst zum Bruder meiner Mutter zu gehen. Mein Onkel nahm uns bei sich auf, bis meine Eltern eine geeignete Wohnung gefunden hätten.

Von Hamburg ging es also nach Iserlohn im Sauerland, wo bereits viele Leute aus unserem Dorf lebten und dort weiter ihre Bräuche und Rituale beibehielten. Mein Onkel war nicht so erfreut über unser Kommen, da er meinen Vater nicht mochte, ebenso seine Frau, aber er versuchte trotzdem zu helfen und tat das für seine Schwester und deren Kinder.

Natürlich mussten mein Onkel und meine Tante uns nun auch ernähren, sie konnten ihre Unzufriedenheit darüber nicht verbergen. Ich werde die sauren Spaghetti nie vergessen, die verdorben waren und die unsere Tante uns auftischte, während ihre Kinder Bratwurst mit Kartoffeln aßen. Ich hatte das Gefühl, ich hätte Dich, Gott, in dieser grauen Stadt total verloren und war unglücklich und sauer, dass Du es erlaubt hast, dass wir unsere Heimat verlassen mussten. So begann die Zeit in Deutschland ziemlich unglücklich.

Wegen des Anwerbestopps, den die BRD 1973 einführte, holten viele Gastarbeiter, darunter auch meine Eltern, ihren Nachwuchs nach Deutschland. Nicht nur ich, sondern viele Jugendliche erlebten den Umzug als Kulturschock. Wir waren mit bestimmten Werten unseres Heimatlandes aufgewachsen, Werte, die teilweise Tausende von Jahren alt waren und noch von den antiken Griechen bis heute überliefert wurden. Wir sprachen kein Deutsch und kamen mit den Anforderungen in der Schule nicht zurecht.

Da man als Gastarbeiter möglichst schnell wieder in die Heimat zurückkehren wollte, was auch die Deutschen wollten, konnten wir uns nur schlecht integrieren oder man ließ es gar nicht zu, dass wir uns integrierten. Wir waren eben die Gastarbeiterkinder.

Das Leben in Deutschland mit meinen Eltern

Kurze Zeit darauf fanden meine Eltern eine Wohnung in Hemer und wir zogen dorthin um. Es gab dort auch eine Erdhöhle in der Nähe des Hauses, wo wir gerne spielten.

Meine Mutter versuchte das Beste, um uns an diese neue Situation zu gewöhnen. Sie sagte, dass wir jeden freundlich grüßen müssten und dass wir nicht laut spielen sollten, da wir als Gastarbeiterkinder nicht gerne gesehen seien. Wir sollten vor allem die deutschen Nachbarn nicht ärgern.

Einmal habe ich mich mit meinen Geschwistern beim Spielen verlaufen und dabei entdeckten wir einen schönen Spielplatz in einem neuen Wohnblock. Wir wollten auf die Schaukeln, die es dort gab, doch dann wurden wir von den deutschen Kindern vertrieben. Sie haben uns als Gastarbeiterkinder beschimpft und gerufen, dass wir verschwinden sollten. Nun musste ich mit meinen inzwischen sechs Jahren auch erleben, wie sich Diskriminierung anfühlt.

Meine Mutter meldete uns in einer Grundschule an. Ich kam in die erste, meine beiden Schwestern in die zweite und vierte Klasse. Wir hatten anfänglich große Angst. Meine ältere Schwester übernahm die fürsorgliche Rolle der Mutter, die sie bis heute nicht ganz abgelegt hat. Meine zweite Schwester wurde meine Beschützerin und ich wurde zu der, die alles schnell wissen und erfahren wollte und die für Ausgleich sorgte und die Balance hielt, wenn alles mal wieder in sich zusammenzubrechen drohte. Na ja, die *Weise in der Familie* nannte mich meine Mutter.

Wir konnten anfänglich kein Deutsch sprechen und waren auf einmal die unbeliebten fremden Gastarbeiterkinder. Zu Hause, im Dorf, waren wir beliebt gewesen und hier wurden wir diskriminiert.

Kinder können sich sehr schnell anpassen und auch gut eine fremde Sprache lernen, jedenfalls konnte ich mich sehr schnell integrieren und hatte schon einige Freunde, während meine zweitälteste Schwester dagegen noch misstrauisch und distanziert war.

Die ganze Zeit in Deutschland konnte ich Dein Haus, oh Herr, nicht besuchen, es herrschte Vaters absolutes Religionsverbot. Stattdessen mussten wir uns jeden Freitag im Wohnzimmer zum Studium des Kommunismus einfinden. Ich musste dann die kommunistische Zeitung vorlesen, die Neuigkeiten der Partei in der ganzen Welt, über Lenin und Karl Marx. Mein Vater verdrängte Dich, mein Gott, immer mehr aus meinem Leben und irgendwann warst Du einfach ganz weg. Ich dachte es jedenfalls.

Du erschienst mir nur einmal in einem Traum. Dieser Traum war sehr echt. Ich kämpfte mit etwas sehr Bösem im Traum und es zerrte mich einfach weg, ich schrie nach Dir um Hilfe. Auf einmal befand ich mich auf einer Wiese. Der Nachthimmel darüber hatte eine klare dunkelblaue Farbe. Im Himmel bildete sich ein heller Kreis und Deine Hand kam heraus. Du zeigtest mir den Weg. Da wusste ich, dass Du doch bei mir bist.

Mein Vater hatte es geschafft, den Kommunismus in unsere Herzen zu pflanzen, aber irgendwie passten die Lehren nicht mit seiner sonstigen Erziehung und seinen ganzen Verboten zusammen. Da es auch wieder wöchentlich ein heimliches, eigentlich verbotenes Treffen in unserem Haus gab, zu dem Vaters Genossen kamen, sah ich, dass viele junge Leute, die diese kommunistischen Überzeugungen hatten, viel freier und ungezwungener waren. Dies wurde Vater auch von der Partei gesagt. Er sollte uns, wenn wir in die Pubertät kämen, bei der *Kommunistischen Jugend* als Mitglieder anmelden. Das gefiel aber meiner Mutter gar nicht. Sie sagte zu ihm: »Wer soll denn unsere Töchter einmal zur Frau nehmen? Wer will schon kleine revolutionäre Mädchen zur Frau haben?« Da war also wieder die Angst, dass wir *im Regal bleiben* könnten. Also hat mein Vater uns nicht in der Partei angemeldet. Das gefiel der Partei natürlich nicht. Daraufhin ist mein Vater dann auch aus der Partei ausgetreten. Er blieb aber weiter ein überzeugter Kommunist – bis heute.

Die Zeit in Hemer war aber für uns keine gute, sie war seitens meines Vaters von Gewalt geprägt. Er glaubte, seine Familie mit Strenge und Angst erziehen zu müssen, schlug sich öfters mit meiner Mutter und war auch bei uns Kindern gewalttätig.

Einmal hatte meine Schwester Geld aus Mutters Portemonnaie genommen. Sie wollte für mich und meine andere Schwester in der Schulpause etwas zu essen kaufen. Ich war damals acht Jahre alt. Weißt Du, lieber Gott, meine Eltern gaben uns nichts zum Essen mit, wir sollten nur zu Hause essen. Mein Vater sah das als Erziehungsmethode bezüglich unserer Ernährung. Er hat gerne mit uns experimentiert.

Jedenfalls wollte meine ältere Schwester, dass wir uns wohlfühlen und stahl etwas Geld von der Mutter. Irgendwann ist unser Vater uns auf dem Weg zur Schule gefolgt und hat gesehen, dass meine Schwester Süßigkeiten kaufte. Daraufhin packte er sie und mich an den Haaren und zerrte uns in sein Auto. Zu Hause angekommen hat er meine ältere Schwester mit einem Seil an einen Stuhl gefesselt und sie geohrfeigt, bis wir verraten haben, woher wir das Geld hatten. Ich musste zusehen, wie er sie schlug, damit ich es verriet. Je mehr meine Schwester log, desto zorniger und brutaler wurde mein Vater.

Nun wusste ich selbst gar nicht, wo meine Schwester das Geld her hatte, sie hatte uns immer gesagt, sie hätte es gefunden. Als sie nicht mehr konnte, sagte sie Vater die Wahrheit. Da nahm er eine Schere und schnitt meine schönen Haare ab, die von meinen Schwestern auch. Da war ich wütend, weil Du, Gott, nicht da warst, um mich zu retten. Du warst nicht mehr da und keiner konnte uns helfen. Die Großeltern waren auch weit weg.

Als Mutter von der Arbeit kam und uns sah, sagte sie nichts. Natürlich waren wir Töchter schuld, weil wir Vater provoziert hatten. Danach brachte Mutter uns zum Friseur, damit die Haare wenigstens nicht so zerfressen aussahen. Wir durften niemandem sagen, was passiert war.

Mein Vater, den Du, Gott, mir gegeben hast, hat in dieser Situation nicht mehr seine Kinder gesehen. Er war auf einmal in die Zeit versetzt, als er zusehen musste, wie seine Eltern gefoltert wurden, um zu verraten, wo ihr Sohn war. Nur diesmal war mein Vater der Böse. Er dachte, er käme nur mit dieser Methode zur Wahrheit.

Ich gebe zu, dass ich ihn deswegen gehasst habe und mir manchmal wünschte, dass ich tot sei. Und dann hatte ich wieder ein schlechtes Gewissen wegen dieser Gefühle. Aber als er meine Mutter immer wieder vor unseren Augen schlug und übelst beleidigte und beschimpfte, konnte ich es nicht mehr aushalten und wünschte, dass er einfach aus unserem Leben verschwinden würde. Er sollte meine Mutter verlassen und einfach weggehen.

Ich verstand auch nie, warum meine Mutter ihn nicht verließ. Ihre Familie hatten ihr Unterstützung zugesichert. Aber sie hatte zu große Angst vor der Gesellschaft und wenn sie sich scheiden ließe, würde auch keiner mehr ihre Töchter heiraten wollen. Und dann hatte sie auch Angst, dass mein Vater uns entführen und in die DDR verschleppen könnte oder in die Sowjetunion. Er hat ihr immer damit gedroht. Er wollte, dass seine Kinder in einem kommunistischen Land groß werden, er vertraute nur dem Kommunismus. Sie hat sich entschieden bei ihm zu bleiben, auch, weil sie ihn sehr liebte.

Vater hatte natürlich auch seine guten Seiten. Einmal wurde ich sehr krank. Ich weiß noch, dass ich vor Fieber glühte. Die Mutter war zur Nachtschicht. Er versuchte einen Tee für mich zu machen, einen Pfefferminztee. Statt Zucker hat er aber in seiner Aufregung Salz reingetan. Er probierte erst, ob es nicht zu heiß war. Ich werde sein Gesicht nicht vergessen, als er den salzigen Tee schmeckte und den Tee einfach runterwarf. Er nahm mich in seine Arme und fuhr schnell mit mir ins Krankenhaus. Ich weiß noch wie er, mit mir in seinen Armen, die Tür des Krankenhauses mit seinen Füßen auftrat und um Hilfe schrie. Es musste sehr ernst um mich gewesen sein. Ich wurde notoperiert. Akute Mandelentzündung, glaube ich. Als ich aufwachte, lag ich alleine in einem Raum, mit einer Krankenschwester neben mir. Ich spürte das Blut in meinem Hals und alles roch so komisch. Ich bekam Angst, konnte auch kein Deutsch und fing deshalb laut an zu weinen. Mein Vater kam im richtigen Augenblick in den Raum, hielt mich ganz fest in seinen Armen und beruhigte mich. Er war auch ein liebevoller Vater.

Rückkehr ins Dorf

Irgendwann entschieden sich meine Eltern, wieder zurück nach Griechenland zu gehen. Mein Vater mochte eigentlich das Leben in Deutschland nicht. Das war, als ich in die dritte Klasse ging.

Wir kehrten zurück in unser Dorf. Ich konnte meine Freude nicht verbergen, sobald wir in Griechenland ankamen, küsste ich den griechischen Boden. Auch die Freude der Großeltern war groß.

Mein Vater hat dann in Griechenland mit meiner Mutter das Taxi gefahren. Sie war die erste Frau im Nordwesten Griechenlands, die Taxi fuhr. Am Anfang wollte keiner mit ihr fahren, doch als die Dorfbewohner sahen, wie gut und sicher sie auch auf schwer befahrbaren Straßen fuhr, wollten dann alle mit ihr fahren. Sie war sehr beliebt.

Meine Großmutter war auch froh uns wiederzuhaben. Sie kochte und passte mit Großvater auf uns auf, während die Eltern arbeiteten. Es war eine schöne Zeit.

Es kamen uns öfters auch die anderen Großeltern besuchen oder wir fuhren hin. Das Dorf meiner Mutter war 15 Kilometer entfernt, es lag auch in den Bergen, mitten im Wald. Ganz in der Nähe war die albanische Grenze.

Nachmittags nach der Schule spielten wir mit anderen Kindern im Schulhof. Mädchen und Jungen hielten sich Hand in Hand und wir lernten folkloristische Tänze. Es war alles so unbeschwert, rein und ehrlich.

Manchmal nahmen die Mädels von der fünften und sechsten Klasse ihr Stickzeug mit und strickten schöne Decken für den Fall späterer Heirat. Zusammen arbeiteten sie auch an den Hausaufgaben für die Schule. In unserem Dorf wurden wir von sehr klein an so erzogen, dass wir später gute Ehefrauen, Hausfrauen und Mütter werden konnten. Das war nach alter Tradition unsere Bestimmung. Deswegen fingen die Mädchen schon in sehr jungen Jahren an, sich auf diese Rolle vorzubereiten. Auch die Mütter sorgten dafür. Je reicher das Elternhaus, desto besser waren die Chancen, einen guten Ehemann zu bekommen.

Wieder zurück nach Deutschland

Kaum sechs Monate später entschied mein Vater, wieder nach Deutschland zu gehen. Er riss uns wieder mal aus unserem Umfeld und der Schule. Es folgte der gleiche Trennungsschmerz, der aber nicht mehr so stark war wie das erste Mal.

So kamen wir wieder in Hemer an. Ich musste wieder in die deutsche Schule gehen, in die vierte Klasse. Mit Mühe und Not lernte ich die deutsche Sprache. Aber es ging alles gut.

In Deutschland sollte ich nach dem Willen meiner Eltern keine deutschen Freunde haben, nach der Schule musste ich immer gleich nach Hause. Spielen durfte ich nur mit meinen Geschwistern, aber nicht mit Freunden oder Freundinnen.

In Griechenland haben sich meine Eltern nicht gestritten. Kaum waren wir zurück in Deutschland, fing ihre Streiterei wieder an. Aber Gott sei Dank war mein Vater nicht so oft zu Hause, meistens war er zwei bis drei Wochen am Stück weg, da er selbstständig als Unternehmer arbeitete. Er hat Umzüge organisiert, von Deutschland nach Griechenland. Wenn er dann aus Griechenland zurückkam, brachte er immer griechische Lebensmittel mit, die er dann verkaufte.

Meine Mutter hat in einer Fabrik gearbeitet, manchmal auch in zwei Schichten.

Wir Kinder übernahmen den Haushalt. Jeder von uns hatte für eine Woche irgendeinen besonderen Dienst: kochen, Küche sauber machen, nähen, putzen etc. Ich habe es gehasst, da ich gerne für die Schule lernte, ich wollte doch so gerne studieren. Ich machte meine Hausaufgaben und lernte noch den Stoff für die ganze Woche im Voraus. Dann machte ich einen Deal mit meiner zweitältesten Schwester: Ich machte für sie die Hausaufgaben – sie war ein Schuljahr höher als ich – und sie übernahm meine häuslichen

Dienste zu Hause, wie sie von Mutter jeden Samstag für die ganze Woche für jeden von uns festgelegt wurden. Das war für mich ein guter Deal.

In der fünften Klasse lehrte man uns die Evolutionstheorie Darwins. Der Lehrer bewies uns mit Fakten, dass Du, Gott, gar nicht existierst. Ich war noch zu klein, um das zu widerlegen oder zu verstehen. Ich weiß nur, dass ich sehr traurig nach Hause ging und mich einsam und verlassen fühlte. Also hatte mein Vater, der dies schon immer behauptete, doch recht? Aber ich spürte, dass Du da warst.

Einmal, als ich einen Mathetest zu bestehen hatte, habe ich zu Dir gebetet, um keine Fünf zu bekommen. Es geschah wirklich ein Wunder und ich bekam eine Vier. Ich war in Mathematik sehr schlecht. Bodenlos schlecht, sagte meine Klassenlehrerin. Na ja, da hat sie sich dann auch gewundert.

Wir Gastarbeiterkinder saßen immer ganz hinten. Einige der deutschen Kinder haben uns ausgelacht, da wir wegen unserer Eltern vieles nicht mitmachen durften – wir durften uns nicht integrieren. Ich durfte an keiner Klassenfahrt teilnehmen und keine Freunde haben. Stell dir vor, nicht mal am Nachmittagsunterricht durfte ich teilnehmen, da mein Vater meinte, es gehe gegen seine Planung.

Meine Klassenlehrerin hatte mal mit meinem Vater eine Auseinandersetzung, dabei hat er sie auch beleidigt. Das Lieblingswort meines Vaters war *ihr Faschisten* oder *dreckige Imperialisten*. Er war sehr fanatisch und wenn er wütend war, kannte er keine Grenzen. Und wehe, man stellte sein Erziehungskonzept in Frage. Das bekam auch meine Klassenlehrerin zu spüren. Als sie meinen Vater einmal zu Hause besuchte, versuchte sie, ihm verständlich zu machen, dass ich sehr viel Potenzial hätte und er solle mich doch studieren oder wenigstens eine Lehre machen lassen. Sie sagte etwa dasselbe, wie damals meine Kindergärtnerin. Die Reaktion meines Vaters war, sie solle sich besser nicht einmischen, da wir einer ganz anderen, eigenen und alten Kultur angehörten und Mädchen müssten heiraten und eine Familie gründen.

Ja, die Kultur der Vlachen ... Die ganz eigene spezielle Kultur der Vlachen hatte sich aus der Sorge entwickelt, bei den ständigen, über viele Jahrhunderte andauernden blutigen Kämpfen und Kriegen mit anderen Volksstämmen – dies tatsächlich schon seit der Antike –, unser Volk mit seinem Blut und seinen besonderen Eigenheiten möglichst rein zu erhalten. Die Vlachen waren im tatsächlichen Sinne des Wortes eigentlich die in diesen blutigen Kämpfen noch *übrig Gebliebenen.* An ihrem Äußeren konnte man sie von anderen Völkern unterscheiden, natürlich auch an ihrer Sprache und ihrer Kleidung. Vlachen sollten sich nicht mit Menschen anderer Völker mischen, deshalb wurde streng darauf geachtet, dass Vlachen immer nur Vlachen heirateten, damit altes Wissen und Besitz bewahrt und von Generation zu Generation weiter gegeben wurde. Wer sich nicht an diese Traditionen halten wollte, hatte den Unwillen und die Gegnerschaft der ganzen Dorfgemeinschaft zu ertragen. Zu dem Wissen der Vlachen gehörte die Kenntnis über Heilkräuter und Heilkunst, die Beherrschung der Aufzucht und Haltung von Vieh, Saat, Ernte und die Haltbarmachung und Aufbewahrung von Nahrungsmitteln, Traditionen in der Zubereitung gewisser Speisen sowie Regeln und Ordnungen im Zusammenleben der Geschlechter, Märchen, Mythen, religiöse Gebräuche, auch Reste des Glaubens an die alten Götter, aber ebenso auch Zauberei und Magie sowie dazu gehörende Rituale, einschließlich der Blutrache, wenn die Familienehre verletzt wurde.

Alle Frauen, die studiert hatten, waren für meinen Vater Nutten. Seine eigenen Töchter hatten nach seiner Meinung genug Schulwissen erlernt. Er war selbst nur bis zur dritten Klasse in die Schule gegangen und ihm würde es reichen, wenn seine Kinder nur etwas mehr lernten als er, erklärte er meiner Lehrerin. Und dann kam schon wieder sein Lieblingssatz: Wenn wir in der Sowjetunion wären oder in der DDR, dann hätte er überhaupt keine derartigen Probleme. Dem kommunistischen System könne man trauen und in der Obhut kommunistischer Staaten wären die Kinder sicher. Schon wieder: Ich sollte nicht studieren dürfen, weil wir nicht in einem Land lebten, das den Idealen des Kommunismus folgte.

Was hat sich wohl meine Lehrerin gedacht bei solchen Aussagen? Mir war das wirklich peinlich, aber welche Chance hatte ich gegen seine Autorität? Wenn ich jetzt darüber nachdenke, ist sie die Einzige gewesen, die versucht hat, uns zu helfen, indem sie persönlich zu uns nach Hause kam. Sie merkte, dass mit uns etwas nicht stimmte, da wir wohl verängstigt drein schauten. Öfters habe ich mich gefragt, warum mich keiner aus dieser Hölle rausholte, in der ich mich eingesperrt und unglücklich fühlte.

Mein Vater kannte die deutschen Gesetze sehr gut. Auch mit den Bestimmungen des Jugendamtes kannte er sich aus. Er wusste, dass seine Erziehungsmethoden fragwürdig waren.

Wir hatten ein Kinderzimmer, das wir zu fünft teilten, dort hatten wir auch unsere Hausaufgaben zu machen. Für die Schule zu lernen war schwierig. Vater sagte, falls wir mal auf die Idee kommen sollten, das Jugendamt einzuschalten und die uns Kinder von ihm wegnehmen würden, würde er uns finden und töten.

Angst einflössen konnte er sehr gut und uns damit folgsam machen. Mit der Zeit wusste ich gar nicht mehr, ob ich ihn liebte oder nicht. Meine Mutter tat mir leid, aber sie sah uns auch als eine Art Last und Bürde. Beide Eltern wollten, dass wir schnellstmöglich heiraten, damit sie von dieser Last befreit wären.

Öfters wollte ich es aus mir rausschreien: *Lasst mich frei. Ich will in die Obhut des deutschen Staates.* Dann hätte ich studieren können,

Medienwissenschaft, Reporterin werden und in der ganze Welt reisen, Archäologin oder Historikerin werden ... Ich liebte Geschichte sehr und hatte viele Träume. *Ihr seid gar nicht meine Eltern*, dachte ich. Aber die Angst, die sie uns einflößten, und auch die Angst vor der Gesellschaft und Gemeinschaft des griechischen Dorfes, die ebenfalls in dieser deutschen Stadt lebten und ihren alten Traditionen anhingen, saß zu tief und war einfach nicht zu ändern. Es reichte, wenn die Leute aus meinen Dorf einmal sahen, dass wir mal nach der Schule mit einen deutschen Mitschüler sprachen oder lachten. Oh mein Gott: diese Blicke: *Sie ist nicht gut genug für unseren Sohn, sie redet zu viel mit fremden Jungen*. Einmal traf ich auf dem Nachhauseweg von der Schule überraschenderweise meinen Vater, er war irgendwie auf einmal hinter mir. Er hat uns öfters heimlich verfolgt, das wusste ich schon länger. Das war eine seiner Methoden uns Angst zu machen, damit wir nicht auf die Idee kämen, etwas anzustellen. Jedenfalls ging er neben mir und dann kam mir ein Mitschüler entgegen. Der hat mich nett begrüßt, einfach ein »Hallo« wie man es so sagt, das ich so auch erwiderte. Da spürte ich dann nur noch die Hand meines Vaters im Gesicht, es glühte von Schmerz und ich sah nur noch Sterne. Weinend fragte ich, was ich getan habe und er sagte: »Mir gefiel nicht die Art, wie du ihn angeschaut hast.« Oh Gott, ich war damals elf Jahre alt! Wie sollte ich mit elf Jahren ein anderes Kind anschauen? Nein, ich wusste nicht, was ich denken sollte. Ich wusste nur, dass ich keine Chance hatte. Meine einzige Hoffnung war zu warten, bis ich alt genug wäre, um nach dem Gesetz als Volljährige aus dieser Hölle, in der ich mich eingesperrt fühlte, zu fliehen. Zum ersten Mal kam mir mit elf Jahren die Erkenntnis, dass die Einzige, die Andriana retten konnte, Andriana selbst war – kein anderer, kein soziales System, keine Onkel und Tanten, die mitkriegten was zu Hause ablief, keine Lehrerin, kein Engel und auch Du nicht, lieber Gott. Nur ich selbst konnte mich von all dem befreien, sobald der Zeitpunkt gekommen wäre.

Mein Vater hat meine zwei älteren Geschwister auch zum Arbeiten geschickt, in griechische Restaurants in die Küche oder in Imbissstuben. Die beiden waren damals 14 und 15 Jahre alt. Das Geld, das sie für ihre Arbeit bekamen, nahm er; für seine Kinder etwas auf der Bank anzulegen kam ihm nicht in den Sinn. Genauso machte er es mit dem staatlichen Kindergeld – davon sahen wir nie etwas. Wir trugen Klamotten vom Roten Kreuz und aßen verdorbene Lebensmittel, während mein Vater für sich auf eine bessere Ernährung achtete. Er sagte immer, er sei der Ernährer der Familie und deswegen müsse er gut essen, um Energie zu haben, sonst könne er nicht richtig für uns sorgen. So habe er das von seinem Vater gelernt, sagte er. So war mein Vater, das war seine Erziehungsweise. Respekt und Liebe hat er nur aus Angst bekommen. Er hatte zu viel Macht über unsere Seelen. Er beherrschte dieses Spiel, Liebe nur für absoluten Gehorsam zu geben. Er betrachtete uns als sein Eigentum. Wenn wir nicht genau das taten, was er wollte, waren die Strafe Schläge und das Einsperren im dunklen Keller. Bis heute gehe ich deshalb nicht gerne in dunkle Kellerräume.
Jeden Tag mussten ich und meine Schwestern uns anhören, wie schrecklich es sei, dass wir Mädchen wären und was wir für eine Last wären. Dazu kam dann noch die Sorge der Mutter, wer uns wohl heiraten würde. Wir waren doch so arm und mein Vater hatte keinen guten Ruf im Dorf als streitsüchtiger Kommunist. Sie hattte sich für sein Verhalten geschämt und fühlte sich von den Dorfbewohnern nicht geachtet. Diese Sorgen ließen sie nicht los und Mutter ließ es uns spüren. Die Antwort meines Vaters war, dass er darauf hoffe, wenn wir sittlich und rein blieben, hätten wir gute Chancen auf eine Heirat.

Aber mit solchen Eltern ... wer hätte uns denn nehmen wollen? Meine Schwester bekam mit 18 einen Hirten vom Dorf zum Mann und musste in den Bergen seine Schafe hüten. Sie erlebte nun ein anderes krankes Regime: das der Schwiegereltern und ihres alkoholkranken Mannes. Meine zweite Schwester, die kurz nach mir heiratete, bekam mit 17 einen zwölf Jahre älteren Mann, der nervenkrank und nicht mal richtig von seiner ersten Frau geschieden war. Aber das war ja meinem Vater egal, Hauptsache, jemand nahm ihm seine Last ab. Mit seinen früher ausgewählten kommunistischen Genossen hatte es nicht geklappt, deswegen mussten meine Schwestern stattdessen diese Männer heiraten. Stillschweigend nahmen die beiden ihr Schicksal an. Für sie war klar: Egal mit wem, Hauptsache raus aus der Hölle. Aber das waren Männer aus Familien, in die keiner gerne seine Töchter gegeben hätte. – Außer mein Vater, da wir für ihn keinen Wert hatten und er durch die Heirat seiner Töchter mit Männern aus dem gleichen Dorf seine ersehnte Annerkennung suchte.

Mit 15 kam ich auch dran weil ich sehr hübsch war und mein Vater Angst hatte, dass ich abhauen könnte. Außerdem gab es so viele Bewerber. Manchmal überlegte sich mein Vater auch, ob er bei mir mit dem Verheiraten noch warten sollte, aber der Druck meiner Mutter war sehr groß, dazu die Angst, dass ich *im Regal* bleiben könnte. Solange ich noch sehr jung und hübsch sei, meinte mein Vater, würde man mich auch ohne Mitgift nehmen, eine *Blume noch als Knospe*. Was sollte der Mann noch mehr wollen? Er könne mich formen, wie er wollte, da ich noch ein Kind sei.

Ja, ich war Vaters Eigentum und er gab sein Eigentum nun weiter. Aus der Obhut des Vaters in die Obhut des Ehemannes – oder in meinem Fall eher in die Obhut der Schwiegereltern.

So vergingen die Jahre von der fünfte Klasse bis ich in die zehnte kam. Ich entwickelte mich zu einer sehr guten Schülerin, trotz der viele Hindernisse, die vom Elternhaus kamen.

Ich war die beste Schülerin in Englisch in der neunte Klasse und durfte für paar Monate als Austauschschülerin nach England. Ein Traum der platzte, als meine Eltern mir den Schüleraustausch verweigerten. Sie waren zwar sehr stolz auf meine Leistungen, aber die Rücksicht auf die Meinung des Dorfes war größer als die Liebe. *Ja, was werden denn die Leute sagen*, war ihre Angst.

Überall waren in meinen Zeugnissen Zweien und Einsen, außer in Mathematik, das war nicht meine Stärke, aber sonst – in Erdkunde, Geschichte, Deutsch – hatte ich die Note eins.

Ich wollte eigentlich einen Realabschluss machen, mit besseren Chancen für meine zukünftige berufliche Entwicklung. Aber da ich über die Pläne meiner Eltern unterrichtet war, habe ich mich nicht weiter darum bemüht. Meine Lehrer konnten es nicht verstehen und mir war es peinlich, es ihnen zu sagen.

Hoher Besuch

Eines Tages, als ich noch 15 war, klingelte es an der Tür. Es war der erste Mai. Meine Mutter schaute aus dem Fenster und sagte zum Vater: »Jianni, schnell, sieh mal, wer da kommt. Was für eine Ehre, einer der wohlhabendsten Männer aus dem Dorf kommt mit seiner Frau höchstpersönlich in unser bescheidenes Haus. Er will bestimmt unsere Tochter zur Frau für seinen Sohn.

Und dann kamen sie herein. Da gerade der erste Mai war, hatte die zukünftige Schwiegermutter noch eine Blume mitgebracht. Es ist Tradition in Griechenland, dass man am ersten Mai Blumen pflückt und sie den Gastgebern schenkt.

Die Frau ergriff die Initiative und erklärte meinem Vater den Grund ihres Kommens. Man merkte sofort, dass sie das Sagen hatte und nicht ihr Mann. Sie sah sehr elegant aus, um die 45 Jahre alt. Sie hatte eine Frisur wie Queen Elisabeth und einen schönen grauen knielangen Rock mit hellblauer Bluse, darüber noch eine passende Jacke. Man sah, dass sie großen Wert auf das Äußere legte. Sie hatte etwas Fürstliches an sich, aber auch ein sehr strenges Gesicht.

Sie kam mit dem Vorwand, dass sie mit meinem Vater einen Möbeltransport nach Griechenland besprechen wollte, aber dann kam sie zum wirklichen Thema. Sie sagte, sie hätte mich bei einem Dorffest gesehen, vor einem Jahr in Griechenland, und wollte mich gerne als Frau ihres Sohnes.

Das Dorffest war jeden Sommer bei uns im Dorf. Von überall in der Welt kamen dann die Dorfbewohner zusammen und gingen zu diesem Fest. Es war auch eine Art Brautschau. Da wurden zwischen den Eltern zukünftige Ehen vereinbart.

So war das auch bei uns. Als ich 14 war, hatte ich eine Narbe an der Nase. Ich hatte an einer Blume gerochen und diese hatte bei mir eine allergische Reaktion ausgelöst. Beim Heilen der Allergie hatte sich eine Kruste gebildet und diese sah aus wie eine Narbe. Damals schon hatte die Frau mich im Visier, allerdings wollte sie die Hübscheste des Dorfes für ihren Sohn haben. Da ich damals eine Narbe hatte, konnte sie sich nicht entscheiden, ob ich gut genug sein würde. Aber im nächsten Jahr, als ich wieder auf dem Fest war, hat die Frau gesehen, dass mein Gesicht makellos war. Ich gefiel ihrem Sohn sehr, sagte sie, und er hätte sie beauftragt, zu meinen Vater zu gehen, um mich für ihn zu werben.

Mein Vater sagte, das müsse er sich noch überlegen, da er eine ältere Tochter habe, die auch noch verheiratet werden müsse. Wenn ich ihre Stelle in der Reihe annähme, dann liefe sie Gefahr, nicht verheiratet werden zu können.

Die Frau Anna, so hieß die zukünftige Schwiegermutter, überlegte kurz und sagte, sie werde ihren Sohn fragen, und wenn er wolle, könne er auch die ältere Schwester nehmen. Hauptsache eine Tochter unseres Hauses, da wir für unsere Sittlichkeit bekannt seien. *Na ja*, dachte ich, *da hat Vater gut für gesorgt, dass wir in den Augen der Dorfgesellschaft sittlich sind.* Mein Vater bedankte sich für die Ehre des Besuches und sagte, er bräuchte Bedenkzeit.

Als sie gegangen waren, führten er und meine Mutter tagelange Gespräche. Mein Vater tat sich schwer, mich schon so früh und jung zur Heirat zu geben, aber meine Mutter übte sehr großen Druck auf ihn aus. Wie ich später erfuhr, wurde meine Mutter von vielen Frauen gewarnt, mich dieser Schwiegermutter auszuliefern. Sie war bekannt für ihren starken, dominanten und strengen Charakter. Aber die Frauen sagten auch, dass ihr Sohn sehr nett sei, allerdings unter der Fuchtel der Mutter stehe. Es würde mir gut gehen, solange ich das tun würde, was sie sagt. Aber wenn ich meinen eigenen Willen und meine Vorstellungen durchsetzen wollte, würde ich unter ihr leiden müssen. Meine Mutter wusste das alles, aber sie dachte, dass die anderen neidisch seien und uns nichts Gutes gönnten. Hätte sie doch nur auf die anderen gehört.

Frau Anna und mein Vater kannten sich schon als Kinder. Sie war eng befreundet mit der Schwester meines Vaters. Sie wuchsen in der gleichen Nachbarschaft auf und ihre Mutter kannte auch meine Großmutter.

Wie schon gesagt, es war Tradition einen Mann von der gleichen Herkunft, aus dem gleichen Dorf zu heiraten. Und so ergab es sich, dass mein zukünftiger Schwiegervater eigentlich mein zweiter Cousin war und mein zukünftiger Ehemann ein Neffe von einem Cousin zweiten Grades. Als wir heirateten, dachten alle, wir wären Geschwister. Na ja, irgendwann hat sich die Ehe auch so entwickelt.

Jedenfalls war Frau Anna in ihrer Jugend schon eine sehr dominante Frau, die alles bestimmte. Sie hatte eine starke Persönlichkeit und beschützte ihre Familie wie eine Löwin, auch wenn es zum Schaden anderer war. Ihr Großvater war der Erste im Dorf, der nach Amerika auswanderte. Er verdiente dort anscheinend sehr viel Geld. Ihr Elternhaus war das einzige, das aus Stein gebaut wurde, damals lebten sonst alle in Lehmhütten. Sie war sehr stolz wegen ihrer Abstammung und zeigte das auch gerne. Ihr Vater ist im Zweiten Weltkrieg oder im Bürgerkrieg umgekommen. Sie glaubte, dass die Partisanen ihn umbrachten.

Das war auch ein Streitthema meines Vaters mit ihr, da sein Bruder, wie ich schon ausführte, auch ein Partisane war. Aber jetzt stritt sich mein Vater nicht mehr mit ihr, weil er sich das nicht leisten konnte. Er wollte mich doch mit ihrem Sohn vermählen. Ein Streit wäre nicht von Vorteil. Jedenfalls hasste Frau Anna Kommunisten. Sie war eine strenge Orthodoxe und kannte sich sehr gut mit mystischen Ritualen aus, wie auch die meisten anderen in unserem Dorf. Das Gegenteil von meinem Vater.

An ihre Mutter kann ich mich auch noch erinnern. Wir nannten sie als Kinder im Dorf *Hexe*. Sie war sehr eigenartig, mit einer schrillen Stimme, und liebte Kinder nicht. Sobald Kinder vor ihrer Tür spielten, hat sie wie eine Hexe geschimpft und mit Steinen geworfen. Dumm, dass der kürzeste Weg vom Kindergarten zu uns ausgerechnet an ihrem Haus vorbeiführte. Wir wurden dann ganz leise und rannten, damit sie uns nicht erwischte.

Ich habe erst eine Woche vor meiner Hochzeit erfahren, dass diese Hexe die Großmutter meines Mannes war. Wenn ich es eher gewusst hätte, hätte ich sicher nicht in die Heirat eingewilligt.

Es verging ungefähr eine Woche nach dem ersten Besuch dieser Leute. Mein Vater konnte sich nicht entscheiden. Meine Mutter vergötterte Frau Anna. Sie ermahnte mich immer wieder, wie ich mich zu verhalten hätte. Ich sollte die Hand der Schwiegermutter küssen, bloß nicht lachen, immer ernst schauen und bei ihrer Anwesenheit essen wie ein Spatz, denn so sollte nach der Tradition eine Schwiegertochter sein.

Die Abmachung, dass ihr Sohn meine andere Schwester nehmen sollte, hat mein Vater abgelehnt. Er sagte, wenn ihr Sohn mich gesehen habe und mich wolle, dann wäre es ein großer Fehler, ihm die andere Tochter zu geben.

Das erinnert mich alles an Jakob und Rachel aus der Bibel und die Geschichte des jüdischen Volkes. Es gibt gewisse Ähnlichkeiten.

Die Verlobung

Eines Tages kamen sie wieder, allerdings diesmal mit ihren Sohn Nikos. Frau Anna versprach meinem Vater, für seine ältere Tochter zu sorgen, damit sie kurz nach meiner Hochzeit auch heiraten könne. Sie würde da jemanden kennen, der an ihr interessiert sei. Die Mutter des Betreffenden sei eine gute Freundin von ihr.

Mir gefiel Nikos, er sah nett aus. Er war 22 Jahre alt.

Als sie gingen und mein Vater sich immer noch nicht entscheiden konnte, trotz des ständigen Drucks meiner Mutter, rief er mich zu sich. Er fragte mich, ob ich Nikos heiraten wolle. »Vater, ich weiß nicht, was ich sagen soll. Er sieht nett aus. Ja.« Ich dachte nur: *Ich will raus aus dieser Hölle, mit 18 trenne ich mich von Nico und dann werde ich frei sein und studieren.* Was, lieber Gott, weiß ein 15-jähriges Mädchen über Ehe und die Verantwortung, die man dann hat? Alles wirkte wie ein Spiel.

Am nächsten Tag arrangierten die Eltern des Jungen ein Treffen, diesmal in deren Wohnung, in einer 40 Kilometer entfernten Stadt. Während meine und seine Familie im Wohnzimmer warteten und miteinander sprachen, musste ich mich in einem Zimmer mit ihm treffen und reden. Ich schaute mich kurz im Zimmer um. Es war ein ganz normales Jungenzimmer: ein Einzelbett, ein Schrank, eine große Stereoanlage mit ganz vielen Platten. Er hörte gerne die *Scorpions*. Ein Bücherregal stand da, voll mit Comics. Und nun sollten wir uns in diesem Umfeld kennenlernen.

Der Arme war noch schüchterner als ich. Er saß in einer Ecke auf einem Stuhl und ich in einer anderen Ecke. Minutenlang brachte keiner einen Satz raus. Dann machte ich den Anfang und fragte: »Und du heißt Nikos, oder?« Er sagte »Ja« und dann kam schon seine 26-jährige Schwester rein und fragte, ob alles besiegelt sei. Wir sagten »Ja.« Das war unsere Kennenlernphase. Sie dauerte fünf Minuten.

Dann ging alles sehr schnell und wir wurden verlobt. Das war Ende Mai. Ende Juli sollte die Hochzeit sein.

In der Zeit ging ich noch in die zehnte Klasse und machte meinen Hauptschulabschluss. Als meine Lehrer sahen, dass ich mir keine besondere Mühe mehr gab, gute Noten zu schreiben, haben sie das Gespräch mit meinen Eltern gesucht. Mein Vater sagte dann, dass ich in ein paar Monaten heiraten würde und alles andere nicht mehr wichtig sei. Ich bat meinen Klassenlehrer, das nicht meinen Mit-schülern zu sagen, da es mir peinlich war.

Mit dem Heiraten gab es aber auch noch ein anderes Thema: Ich war ja minderjährig und durfte also eigentlich nicht heiraten. Darum haben sich meine Eltern und die Eltern meines Verlobten einen Plan ausgedacht. Sie haben den Behörden gesagt, ich wäre schwanger und deswegen wolle ich heiraten. Mein zukünftiger Mann unter-schrieb und übernahm das Sorgerecht von meinem Vater. Ich musste auch unterschreiben, zwecks Richtigkeit.

Nach der Verlobung brachten mich meine Eltern übers Wochenende zu Nico und seinen Eltern. Manchmal holten mich auch seine Eltern ab.

Meine Schwiegermutter nannte mich *Schätzchen* und kaufte mir ganz viele Kleider und Schuhe. Eine Freundin von ihr, die Schnei-derin war, hatte den Auftrag bekommen, mir ein schönes Hoch-zeitskleid zu nähen, aus rotem Samt, die Schürze war schwarz, mit funkelnden Strasssteinen, die wie Sterne aussahen. Das war als das zweite Hochzeitskleid gedacht, das ich abends anziehen sollte. Es war ein traditionelles Hochzeitskleid, wie es früher die Bräute tru-gen. Die Schürze des Kleides war aus Samt und jedes Mädchen hatte die Aufgabe, vor der Hochzeit diese Schürze schön zu besti-cken. Nur – wie sollte ich das schaffen, wo ich noch so jung war und bald heiraten musste? Also hat man nach langer Suche einen schönen schwarzen Samtstoff gefunden, der schon mit vielen

Strasssteinen bestickt war. Es war ein einmaliges Kleid, das kein anderes Mädchen je getragen hat.

Als die Schneiderin meine Maße nahm und ich immer wieder zur Anprobe und Korrektur hinmusste, sagte sie zu ihrer Freundin: »Ah, Anna. Sie ist ja noch so jung. Die hat nicht mal richtige Brüste und noch keine weiblichen Rundungen.« Natürlich nicht, ich war ja noch am Wachsen.

Die Schwiegermutter zeigte mir viel Zuneigung, die ich aus meinem Elternhaus gar nicht kannte. Sie sagte immer wieder, wie schön ich sei und wie stolz sie sei, dass ich ihre Schwiegertochter würde. Sie las mir jeden Wunsch von den Augen ab. Mit meinem Verlobten gingen wir öfters spazieren, er war sehr schüchtern, hat nie meine Hand gehalten, ganz zu schweigen, dass er mir einen Kuss gegeben hätte.

Mein Vater war sehr stolz, auch meine Mutter. Diese Familie hatte die meine eigentlich nie beachtet und jetzt fühlten sich meine Eltern in deren Gesellschaft anerkannt.

Wie ich mich fühlte, ob es das war, was ich wollte, interessierte keinen. Sogar ich hatte den Plan, den ich ursprünglich hatte, ganz vergessen und widmete mich meiner zukünftigen Rolle als Ehefrau – einer Ehefrau mit grade mal 16 Jahren.

Das Schuljahr ging zu Ende, an der Abschlussfeier durfte ich nicht teilnehmen. Das Abschlusszeugnis würden meine Eltern abholen. Die Hochzeitsvorbereitungen liefen. Natürlich hat mein Vater finanziell nicht viel beigetragen. Das ganze Hochzeitsfest wurde von den Schwiegereltern finanziert. Mein Hochzeitskleid und alles andere auch. Alles was ich trug, von der Unterwäsche bis zu den Kleidern, hat die Schwiegermutter gekauft. Den Preis dafür musste ich später teuer bezahlen.

Die Hochzeit und der Anfang einer Kinderehe

Ende Juni fuhren wir nach Griechenland in unser Dorf. Meine Großmutter wartete schon. Mein Großvater war vor vier Monaten verstorben. Eigentlich durfte es kein Fest geben in einem Jahr, in dem jemand aus der Familie verstorben war.

Meine Mitgift war auch fertig, gestapelt in eine Ecke im Raum, wo früher Großmutters Bett war, darunter ein schöner Flokati, in Lila und Rot gewebt. Es war der, den meine Großmutter vor Jahren gewebt hatte. Und da war auch noch die Truhe mit den gestickten Decken, Tischdecken und allem, was eine Hausfrau so brauchte. – Oh mein Gott: Diese Hausfrau sollte ich sein, mit gerade mal 16 Jahren.

Die Vorbereitungen liefen. Während die Eltern auf beiden Seiten ihren Stress hatten, ging ich mit meinem Verlobten im Dorf spazieren, diesmal händchenhaltend. Aber immer noch kein Kuss, das war ja nicht erlaubt vor der Ehe.

Ich musste natürlich auch viel zu Hause mithelfen. Es kam auch sehr viel Besuch, der uns gratulierte. Alle Tanten vom Dorf, die ich gar nicht mehr kannte, da ich seit Jahren in Deutschland lebte. Aber sie kannten mich und meine Familie. Sie brachten Geschenke und bewunderten mich, die Braut. Ich musste sie dann bewirten. Auf einem silbernen Tablett musste ich den Frauen Rosenlikör und den Männern Tsipouro servieren. Und es gab natürlich auch den traditionellen Loukumi.

Ich hörte viele von diesen Frauen zu meiner Mutter sagen: »Ach Eleni, wenn wir gewusst hätten, dass du deine dritte Tochter so jung weggeben würdest, hätten wir uns auch früher gemeldet für unsere Söhne. Wir wollten immer die Andriana haben.« *Ja, klar*, dachte ich. Schon damals, als ich fünf war, wollte mich der Freund meines Großvaters für seinen Enkelsohn haben.

Beim Servieren musste ich aufpassen, dass ich sehr nett rüberkam. Ich hatte ja Mutters Anweisungen, wie ich mich zu verhalten hatte: Ich musste ernst sein, nach unten schauen und die Hand der älteren küssen. So wollte es die Tradition. All diese Frauen, die kamen, würden später weitergehen und im Dorf erzählen, wie die zukünftige Schwiegertochter der Frau Anna sei. Ich durfte meine Familie nicht blamieren und natürlich auch nicht Frau Anna.

Und dann kam auch der Augenblick, den ich fürchtete: Ich musste mit meinem Verlobten seine Großmutter, die Hexe besuchen. Ja, lieber Gott, ich musste ihre Hand küssen. Aber überraschenderweise war sie sehr nett. Na ja, ich war auch kein Kind im Kindergartenalter mehr.

Das weiße Hochzeitskleid hatte meine Schwiegermutter mit ihrer Tochter ausgesucht. Die hat es auch bezahlt, also hatte auch nur sie das Recht zu bestimmen, was ich tragen durfte. Meine Schwiegermutter war sehr egoistisch und liebte es, den Neid der anderen auf sich zu ziehen. Die Hochzeit ihres Sohnes sollte unvergesslich bleiben und ihre Schwiegertochter sollte die Schönste von allen sein, damit alle im Dorf sagen würden: *Die Frau Anna hat das schönste Mädchen vom Dorf zu ihrer Schwiegertochter gemacht.* Für sie waren solche Sachen von großer Bedeutung. Sie zeigte mir viel Liebe, betonte aber immer wieder, dass ich ab dem Hochzeitstag ihr und ihrer Familie gehören würde und mich langsam von meinem Elternhaus und deren Gewohnheiten trennen müsse.

An einem Abend, als ich bei meinen zukünftigen Schwiegereltern zu Hause war, um auch dort die Verwandten meines zukünftigen Mannes zu bedienen, habe ich was Unheimliches erlebt: Die Gäste waren weg und ich ging in den Garten, wo ich meine zukünftige Schwiegermutter mit ihre Tochter reden hörte. Sie wirkten sehr besorgt und etwas aufgeregt. Meine Schwägerin hielt ein weißes Tuch in der Hand, das ein paar Knoten hatte. Ich fragte, was los sei, da ich irgendetwas über einen magischen Fluch gehört hatte. Sie sagten, ich solle mir keine Sorgen machen, aber jemand habe dieses weiße Tuch mit Knoten gemacht und darin seien magische Sachen wie Haare, Seifenreste und irgendwelche Symbole, die nichts Gutes bedeuteten. Das Tuch war in der vorigen Nacht vors Haus geworfen worden. Sie hätten dieses Tuch zu einer alten Frau im Dorf gebracht, die es deuten konnte. Sie hätte gesagt, dass diese Ehe verflucht sei und in sieben Jahren enden würde. Dies hätte jemand getan, der meine Schwiegermutter nicht mochte.

Ja, lieber himmlischer Vater, dieses Dorf kannte sich besser mit bösen Sachen und Schwarzer Magie aus, als mit Deinem Wort. Aber ich hoffte, dass Du bei mir sein würdest.

Die Vorbereitungen liefen weiter und der Tag der Hochzeit rückte immer näher. Die Hochzeitfeier dauerte drei Tage. Am vorherigen Freitag kamen alle Verwandten des Bräutigams, holten die Mitgift ab und brachten sie ins Haus der Schwiegereltern und des Bräutigams. Ich hatte nicht so viele Sachen von meinen Eltern bekommen, musste die ganze Zeit sehr ernst ausschauen und alle grüßen. Ich bekam sehr viele Küsse an diesem Tag, vor allem die alten Frauen küssten mich, sodass ich mein Gesicht immer wieder abwischen musste.

Meine Großmutter war auch da, saß aber die ganze Zeit im Stuhl. Meine Mutter bevormundete sie sehr und nahm ihr immer mehr das Recht, sich auch in Gespräche einzumischen.

Irgendwie fühlte sich alles ganz gut an. Jeder bewunderte mich und alle waren fröhlich gestimmt.

Samstag war dann das Fest in meinem Elternhaus. Da mein Großvater aber erst vor vier Monaten gestorben war, durfte man nach den Regeln der Tradition kein großes Fest feiern. Dadurch ergab es sich, dass wir zu dem Fest nur wenige Gäste hatten. Mein Vater hatte, statt eine Band kommen zu lassen, Musik von seiner Stereoanlage gespielt. Im Garten waren Tische aufgestellt und Bänke für die Gäste. Es gab das traditionale Hochzeitsgericht: Lammfleisch mit Reis, ein altes Rezept, das seit Jahrhunderten immer zu den Hochzeiten gekocht wurde.

Dann geschah wieder etwas Unheimliches: Es kam ein Sturm auf, obwohl nichts darauf hingedeutet hatte, denn das Wetter war eigentlich sehr schön. Der Himmel wurde dunkel. Der Wind pfiff unheimlich ums Haus. Es wurde auf einmal so dunkel wie in der Nacht. Doch es gab keinen Regen. Viele Gäste sind gegangen und nur die engsten Verwandte blieben. Diese versammelten sich alle in dem Zimmer, wo ich als Kind mit meinen Schwestern und den Großeltern gelebt hatte. Dies war jetzt zu einem Wohnzimmer umfunktioniert worden. Meine Großmutter und die alten Frauen sagten dann, dass es wohl falsch war, das Fest jetzt zu veranstalten, da die übliche Trauerzeit für meinen Großvater noch nicht vorbei wäre. Sie meinten, es sei seine Seele, die jetzt darüber wütend wäre und dies in dem Unwetter zum Ausdruck bringe. Mein Vater glaubte nicht an solchen Aberglauben, aber unheimlich war es schon.

Ich bin an diesem Tag früh ins Bett gegangen. Als Braut sollte man ausgeschlafen sein für den großen Hochzeitstag. So richtig schlafen konnte ich aber nicht. Der Wind pfiff weiter die ganze Nacht. Viele Gedanken kreisten in meinem Kopf: *Was mache ich bloß in der Hochzeitsnacht?* Ich liebte doch meinen Mann gar nicht richtig. Wie sollte es nur werden? Und dann dieser schreckliche Brauch, dass das Bettlacken des Hochzeitspaares nach der erste Nacht zu Schau gestellt werden musste, damit jeder sehen konnte, dass die Braut noch Jungfrau war und die Ehe rechtmäßig vollzogen wurde. – Erfreulicherweise haben die Leute das dann gar nicht gemacht. Nicht dass ich keine Jungfrau war, aber dieser Brauch war ganz schrecklich. – Auf der anderen Seite gefiel es mir, wie die Familie meines frisch vermählten Mannes sich um mich sorgte. Das kannte ich aus meinem Elternhaus gar nicht. Aber ich fragte mich, was ich denn für eine Ehefrau abgeben würde – ich konnte gar nichts. Nicht kochen, keine Handarbeit, nicht nähen, all das, was man als gute Ehefrau können und wissen sollte. Aber das hatten meine Eltern, wie ich mich erinnere, meiner Schwiegermutter auch schon zuvor gesagt und diese meinte, das wäre weiter nicht schlimm, weil sie es mir beibringen würde. Und sie sagte damals, sie würde mich behandeln wie ihre eigene Tochter. Da mir jetzt so viel Liebe entgegenkam, wollte ich mich nun auch gar nicht mehr mit 18 trennen, um frei zu sein. Ich spürte, dass ich jetzt eine andere Verantwortung hatte – die einer Ehefrau. Irgendwann bin ich dann eingeschlafen.

Ganz früh weckte mich meine Mutter. Gleich würde die Friseurin kommen, um meine Haare zu richten und mich zu schminken. Es war meine Schwägerin, sie war auch Friseurin. Sie behandelte mich wie ihre kleine Schwester. Sie war genau zehn Jahre älter als ich. Sie wickelte meine langen Haare in große Wickler und ich bekam eine schöne Lockenfrisur. Ich hatte lange dunkelbraune dichte Haare, die bis zum Gesäß reichten. Das Schminken sollte eher dezent gehalten werden, da mein Vater geschminkte Frauen hasste. Zudem meinte er, ich sei so jung und hübsch, da brauche man nicht schminken. Ich bekam einen roten Lippenstift und etwas Rouge für meine Wangen.

Dann zog man mir das weiße Hochzeitskleid an. Meine Schwägerin, die bei allem behilflich war, ist dann gegangen, weil sie von ihrem Bruder, also von meinem Bräutigam erwartet wurde. Ich musste mich dann in einen Stuhl setzen, worauf alle Hochzeitsgäste meiner Familie kamen, um mir ihren Segen zu geben. Ich wusste gar nicht mehr, was um mich geschah. Ich war wie eine Puppe, die eine Rolle spielen musste, die man ihr vor Zeiten beigebracht hatte.

Alle Gäste sagten, ich sei die schönste Braut, die dieses Dorf je gesehen habe. Diejenige, die davor diese Anerkennung erfahren hatte, war vor Jahren meine eigene Mutter gewesen.

Wir hörten dann schon die Musikanten kommen, die mit dem Bräutigam kamen. Alle seine engen Verwandten kamen, um mich zu holen. Die Musikanten spielten volkstümliche Hochzeitslieder in Begleitung der Klänge von Klarinetten.

Nun hatte ich aufzustehen und mein Elternhaus zu verlassen. Das Ritual sah vor, dass ich einen Krug aus Zink mit meinem Fuß wegzutreten hatte und nicht mehr zurückschauen durfte. So wollte es die Tradition. Ab der Hochzeit gehörte ich nicht mehr meinen Eltern.

Der Weg zur Kirche war nicht weit. Mein Elternhaus war am Rande des Dorfes, wo auch der Berg Großvaters war; da war auch die kleine Kirche, in der bis heute Hochzeitszeremonien stattfinden. Alle warteten schon auf mich. Auch Nikos, mein zukünftiger Ehemann, den meine Eltern für mich bestimmt hatten. Er sah richtig nett aus in seinem Smoking, irgendwie stolz und glücklich. Ich glaube, er hatte sich inzwischen in mich verliebt. Dazu muss ich bekennen, dass ich selbst nicht mal wusste, wie sich Verliebtheit anfühlt. Aber meine Mutter hatte mir früher dazu gesagt, die Liebe würde schon noch kommen, später.

Nikos hielt Blumen in der Hand und wartete auf mich. Mich hielten mein Vater und mein kleiner Bruder, der damals zwölf Jahre alt war, und übergaben mich dann meinem Mann zur Trauung. So gingen wir dann gemeinsam in die Kirche, mit uns Hunderte von Hochzeitsgästen.

Nach der Zeremonie, von der ich natürlich nichts verstand, da alles in einer für mich nicht verständlichen Sprache gesagt wurde, tanzten wir noch den *Tanz Jesajas*, so heißt ein wichtiges Ritual bei orthodoxen Hochzeiten. Wir mussten dazu dreimal um den Altar gehen. Dabei hatte mein frischgebackener Ehemann auf meinen Fuß zu treten. Dieses Ritual sollte zum Ausdruck bringen, dass er hinfort die Macht über mich haben würde und alles zu bestimmen hätte. Vermutlich hatte ihm seine Schwester gesagt, dies zu tun. Ich glaube, ihm war dies als Ritual nicht bewusst und er sah das alles eher als Spaß an.

Nach der Trauung musste meine Familie sich verabschieden und ich hatte mit meiner neuen Familie zu deren Haus zu gehen. Es war auch ein langer Weg, da das Haus meiner Schwiegereltern am anderen Rande des Dorfes lag – genau da, wo mein Kindergarten war, den ich als kleines Mädchen besucht hatte. Unter den Klängen der Klarinette und der Hochzeitsmusik sind wir den Weg von der Kirche bis zum Elternhaus meines Mannes gegangen. Über hundert Gäste gingen mit uns, teilweise tanzend in der Mittagssonne. Die Menschen im Dorf schauten und jubelten uns zu, und gaben uns ihren Segen.

Ich habe keine Träne in Mutters Augen gesehen, auch nicht in den Augen meines Vaters. Viel später erfuhr ich, dass mein Vater bitter geweint hat, als alle Gäste gegangen waren und er alleine mit der Großmutter war.

Angekommen im Haus der Schwiegereltern gab es erst mal noch eine Zeremonie, bevor ich das Haus betreten durfte. Die Frauen sangen ein Lied, das das Verhältnis der Schwiegermutter und der Schwiegertochter beschrieb und die Schwiegermutter musste dann ihren Segen geben. Ich musste die Tür oben mit Butter beschmieren und die Schwiegermutter gab mir Honig zu essen. Dann betrat ich das Haus und setzte mich in einen Stuhl im großen Salon, wo auch meine Mitgift aufgestellt worden war. Die Gäste gingen inzwischen, da es schon Mittag geworden war. Das Fest würde, so war die Planung, um 17 Uhr fortgesetzt.

Ich durfte nirgendwo hingehen, mich nicht mal hinlegen. Ich saß in diesem Stuhl und die engsten Verwandten und Freunde der Familie kamen, um mich, die Braut, zu bewundern. Ich fühlte mich wie eine Puppe, die jeder anschaute. Der Stolz meiner Schwiegermutter war nicht zu übersehen, als sie die Bewunderung der Verwandten sah. Ja, sie hatte sich das schönste Mädchen des Dorfes für ihren Sohn genommen.

Gegen 17 Uhr fing die Hochzeitsmusik an zu spielen. Die Gäste begannen zu tanzen. Und dann musste auch das Brautpaar raus. Den Tanz führte der Trauzeuge an. Es war ein Mann um die 60 Jahre, ein stolzer Großviehhändler mit einem langen Schnurrbart. Es war Tradition, dass die Trauzeugen über Generationen aus der gleichen Familie kamen. Diese Tradition durfte man nicht brechen. Sie würden es dann auch sein, die unsere Kinder tauften.

Nach dem Trauzeugen tanzte mein Ehemann, dann ich, dann die Schwiegereltern und dann kamen alle anderen an die Reihe.

Ich musste von 18 bis 23 Uhr ohne Pause mit allen Gästen tanzen, dann musste ich mein zweites Hochzeitskleid anlegen. Es war traumhaft schön, mit der glitzernden Schürze. Jeder bewunderte es. Es schien, als ob Sterne in meinem Schoss wären. Zu dieser Zeit erschien dann auch meine Familie wieder. Sie wurden als Ehrengäste empfangen und wir mussten dann auch mit ihnen tanzen. Meine Familie musste mein Mann, den Bräutigam, beim Tanz halten.

Es waren viele Gäste da und viele Schaulustige, die über den Zaun schauten. Auch das war eine Tradition unseres Dorfes. Unter den Schaulustigen war auch ein Mann mitte 40, der ein ganz strenges wütendes Gesicht hatte. Meine Mutter erzählte mir, dass dieser Mann, als ich zwölf Jahre war, mich eigentlich für seinen Sohn haben wollte. Er habe angenommen, dass dies so geschehen würde und war jetzt wütend, dass ich einem anderen gegeben wurde. Meine Mutter bekam Angst, dass der Mann etwas Verrücktes machen könnte und mich etwa vor der Hochzeit entführen würde. Seine Familie und er waren bekannt für solche Taten, aber nichts Derartiges geschah.

Das Hochzeitsfest ging schließlich irgendwann zu Ende. Im Morgengrauen gingen wir in unser Ehebett. Draußen spielte noch die Musik, ganz nahe Verwandte haben noch getanzt, aber mein Ehemann und ich waren einfach todmüde.

Natürlich versuchte mein Mann, die Ehe zu vollziehen. Ich fand es auf einmal sehr unangenehm, als seine Hände meinen Körper berührten. So habe ich mich ganz in der andere Ecke des Bettes verkrochen und ihm gesagt, dass ich das noch nicht wolle. Er war zum Glück sehr lieb und verständnisvoll. Er schlief auch irgendwann ein – in der anderen Ecke des Bettes.

Wir wurden nach wenigen Stunden Schlaf von der Schwiegermutter geweckt, da, wie sie sagte, gleich die Verwandten kommen würden, um Geschenke für die Braut zu bringen. Gott, war ich müde. Die Füße schmerzten, waren geschwollen und meine Schultern fühlten sich unendlich schwer an von dem Hochzeitskleid – der Stoff war aus Samt und das Kleid hing schwer an meinem Körper. Ich spürte nur noch Schmerz.

Als die Verwandten kamen, verteilten wir die Geschenke an sie, die meine Eltern für sie gekauft hatten. Danach gingen wir zum Fotografen für die Hochzeitsfotos. Der Fotograf war in der Stadt Arta, wir benötigten zwei Stunden, um dahin zu fahren. Ich musste wieder beide Hochzeitskleider anziehen und mich mit meinem Mann fotografieren lassen. Ich glaube, das sind die hässlichsten Fotos geworden, die je von mir gemacht wurden. Ich war müde und konnte einfach nicht mehr. Ich glaube, meinem Mann ging es auch nicht viel besser.

Seine Mutter sagte dann zu uns: »Geduld, morgen könnt ihr auf eure Hochzeitsreise gehen und dann könnt ihr euch ausruhen.«

Aber irgendwie mussten wir zunächst diesen Tag überstehen.

Am nächsten Tag gingen wir auf Hochzeitsreise, wir fuhren mit dem Taxi für eine Woche nach Igoumenitsa in die Region Epirus. Das ist eine Hafenstadt im Nordwesten Griechenlands mit einem größeren Hafen, mit täglichem Schiffsverkehr nach Venedig sowie nach Korfu. Das Hotel, das für uns gebucht worden war, lag gegenüber vom Hafen, es war somit nicht gerade der romantischste Ort, den man sich vorstellen kann.

Der Strand war fünf Kilometer entfernt und wir fuhren mit dem Taxi dorthin. Abends machten wir lange Spaziergänge. Mein Mann war nicht sehr gesprächig, eher schüchtern und somit sprachen wir auch nicht viel. Er war aber geduldig und zeigte Verständnis dafür, dass ich noch nicht bereit war, die Ehe zu vollziehen. Wie soll man auch mit jemandem schlafen, den man zwar mag, zu dem aber keine intensiven verlangenden Gefühle bestehen? Ich sagte mir, irgendwann müsse es wohl passieren, aber ich kannte meinen Mann kaum richtig. So hatte ich Angst, wenn die Nacht kam und wir ins Bett gehen mussten.

Mein noch kindliches Denken hat sich dann was ausgedacht: Obwohl ich abends müde war, bat ich meinen Mann, noch nicht ins Bett zu gehen. Da die Nacht doch so schön sei, schlug ich ihm vor, im Mondschein einen langen Spaziergang zu machen. Er respektierte meinen Wunsch. So gingen wir stillschweigend kilometerweit spazieren, aber irgendwie wurde mein Mann, wenn es soweit war, zu Bett zu gehen, doch nicht müde. Ich gab vor, dass er mir wehtun würde und wollte nicht mehr, dass er mich anfasst. Er zeigte Verständnis.

Eines Tages waren wir in einer schönen Gegend Pargas. Wir sind auf eine Burg hochgeklettert und bewunderten den schönen Ausblick von oben über das Ionische Meer. Ich schaute mein Mann an und zwang mich Gefühle zu entwickeln, wo keine waren. Am liebsten hätte ich mich von den Klippen gestürzt, dann wäre alles vor-

beigewesen. Ich erinnerte mich an die Geschichte meines Großvaters, in der seine hübsche Schwester sich umbrachte, weil sie
einen Mann heiraten sollte, den sie nicht liebte. – Aber umbringen
wollte ich mich dann schließlich doch nicht.

Während der Hochzeitsreise wurde mir bewusst, dass mein Mann
ein netter Mensch war, aber wir wenig oder nichts gemein hatten,
also von der Chemie her, vom Geistigen und von der Lebenslust. Er
war ein ruhiger, nicht viel redender, eher introvertierter Mensch und
ich sprühte vor Leidenschaft fürs Leben. Ich war extrovertiert, spirituell interessiert, sehr offen gegenüber Menschen und liebte es,
unter Menschen zu sein.

Nach der Hochzeitsreise war ich noch Jungfrau. Ich überlegte mir,
zu meinen Eltern zurückzukehren und ihnen zu berichten, wie unglücklich ich mit dem Mann war, mit der Bitte, die Hochzeit zu an-
nullieren. Meinem Vater würde ich dann sagen, dass er sich nicht
schämen müsse wegen seiner Ehre, da ich noch Jungfrau sei. Dieser
Umstand hat mich vielleicht auch davor abgehalten, mich von den
Klippen zu stürzen. – Lieber Gott, wie naiv ich doch war!

Zurück im Dorf ging ich meine Eltern besuchen. Als ich bei meiner
Mutter war, sagte ich ihr, ich hätte Angst vor der Ehe. Ich wollte,
dass sie mich in den Arm nahm. Ich hatte ihr nicht mal gesagt, was
mein Herz bedrückte. Sie schob mich von sich und sagte, ich müsse
mich damit abfinden. Sie wolle nichts wissen. Und ich solle eine
gute Ehefrau werden und auch an meine unverheiratete Schwester
denken. Wenn ich durch mein Verhalten ein gutes Beispiel geben
würde, würde auch sie heiraten können und einen Mann aus unserem Dorf bekommen. Das war's dann, kein Wort mehr.

Ich verstand allmählich: Es gab also keinen Weg zurück. Das, was
mich mit dem netten jungen Mann, der mir in Zukunft nahe sein
sollte, erwarten würde, war mir neu, fremd, unbekannt und erschien

mir irgendwie existenziell bedrohlich. In emotioneller Verlorenheit hatte ich verzweifelt Sicherheit zu gewinnen versucht, durch Nachdenken über die Vergangenheit und durch Antizipation der Zukunft. Vergeblich. So fing ich an, mich geistig, seelisch und körperlich mit meiner neuen Rolle zu identifizieren. Die Gedanken über Vergangenheit und Zukunft ließ ich immer mehr los, um mit der Gegenwart eins zu werden und mich mit ihr anzufreunden.

Wochen nach der Hochzeitsreise fuhren wir mit den Schwiegereltern, mit der Schwägerin und ihrer Familie wieder ans Meer. Die, die uns begleiteten, waren alle sehr nett und einfühlsam mit mir. Ich dachte: *Vielleicht ist es doch nicht so schlimm in dieser Familie und mit diesem Mann verheiratet zu sein.*

Irgendwann, in der dritten Woche nach der Hochzeit, als ich Denken, Erwarten und Fürchten irgendwie hinter mir gelassen hatte, geschah es, dass ich es vermochte, mich den Wogen und Gezeiten des tiefen Meeres ursprünglicher Natur anzuvertrauen und zur Frau meines Mannes zu werden.

Mitte August waren der Urlaub und die Zeit in Griechenland zu Ende. Die Bräuche und Sitten waren entsprechend alten Traditionen alle vollbracht. Ich war nun eine verheiratete Frau und musste jetzt in einem Haushalt zusammen mit meinen Schwiegereltern leben.
Es ging zurück nach Deutschland in die Stadt, wo meine neue Familie schon vorher gelebt hatte: nach Velbert, einer großen Stadt des Kreises Mettmann; mittelständische Industriebetriebe dominierten die Wirtschaft, die besonders auf die Metallverarbeitung ausgerichtet war. Viele Gastarbeiter konnten deshalb in diesen Fabriken eine Arbeitsstelle finden, auch aus unserem Dorf in der Heimat. Die Leute hatten dort so etwas wie eine eigene Gemeinde

aufgebaut, mit althergebrachten Bräuchen und Zwängen der traditionellen Vlachen.

Wie gesagt sind die Vlachen ein alter südosteuropäischer Volksstamm, bei dem Sippe, Traditionen und Familienverband eine besonders dominierende Rolle spielen. Ihre historischen Wurzeln gehen zurück auf die Illyrer. Vlachen sind als kriegerisches stolzes Bergvolk bekannt. Schon mit dem antiken Königreich Makedonien unter Alexander dem Großen hatten die Vlachen kriegerische Auseinandersetzungen. Ihre Sprache ist romanisch gefärbt und durchsetzt. Einzelne ihrer Volksgruppen leben im Norden von Griechenland, in Albanien und Serbien, teilweise auch im heutigen Rumänien.

Mein Leben in der neuen Familie

In Velbert angekommen, mussten die Schwiegereltern und mein Mann arbeiten gehen. Sofort machte mich meine Schwiegermutter mit den neuen Regeln vertraut: Sie machte mir klar, dass sie die Herrin des Hauses war, ohne ihre Einwilligung dürfe ich nichts entscheiden. Sie machte mir auch klar, dass, egal was sie kochen würde, ich immer für ihren Sohn bestimmte Mahlzeiten zubereiten müsse, die er besonders gerne mochte, vorzugsweise Kotelett mit Bratkartoffeln und Ketchup. Da ich nichts könne, was eine Hausfrau können sollte und ich erst noch viel von ihr zu lernen hätte, müsse ich ihren Anweisungen folgen. Sie wollte, dass ihre Schwiegertochter die beste von allen werde. Wenn sie gut gelaunt war, nannte sie mich öfters *Schätzchen*.

Mit der Zeit und schleichend wurde ich von der Schwiegermutter abhängig, aber auf eine andere Art, als ich dies von meinem Vater gewöhnt war. Sie war Meisterin darin, psychische Gewalt auszuüben und die Menschen für sich zu gewinnen. Das führte dann zu einer Abhängigkeit, bei der man das Gefühl hatte, man sei selbst nichts wert, wenn man nicht mit ihr in Verbindung stand.

Mein Mann war Elektriker und meine Schwiegereltern arbeiteten in der Metallindustrie. Ich war den ganzen Tag alleine zu Hause.
Ich versuchte meine Zeit mit Musik zu verbringen. Irgendwann hatte ich die Stereoanlage meines Mannes richtig laut gestellt, um mir die Rockmusik der *Scorpions* anzuhören. Da klingelte die Nachbarin, die unter uns wohnte, an der Tür; sie war die Eigentümerin der Wohnung. Sie bat mich, die Musik leiser zu stellen. Ich werde nie den Satz vergessen. »Kind, bis gestern hatten wir den Nikos, der die Musik ohrenbetäubend laut stellte, und jetzt haben wir dafür dich.« Ab und zu ging ich in den kleinen Garten und half der Eigentümerin ihre Blumen zu pflanzen.

Die Wohnung hatte drei Zimmer und ein Bad. Beim Betreten der Wohnung kam man direkt in die Küche und dann ins das Wohnzimmer. Rechts von der Küche befandensich die zwei Schlafzimmer. Das eine war für die Schwiegereltern. Das frühere Jugendzimmer von Nikos teilten wir uns jetzt als Eheleute. In der Küche hatte meine Schwiegermutter die Ikonen aufgehängt mit den dazu gehörenden Öllampen. Diese mussten wir immer abends anzünden, ach ja, lieber Gott, die Schwiegermutter behauptete auch immer, sehr gläubig zu sein.

Eines Tages klingelte es an der Tür. Ich war alleine und hatte vergessen, dass meine Schwiegereltern mir verboten hatten zu öffnen, wenn jemand klingelte. Ich öffnete die Tür und da stand eine Frau vom Jugendamt. Sie erkundigte sich, wo meine Erziehungsberechtigten seien. Das war jetzt mein Mann. Ich war ja noch schulpflichtig mit meinen 16 Jahren. Offenbar war mein Erziehungsberechtigter der Aufforderung des Staates, mich in eine Schule zu schicken, nicht nachgekommen. Von all dem wusste ich aber nichts, da derartige behördliche Angelegenheiten ohne mein Wissen von meinen Schwiegereltern erledigt wurden. Jetzt war mir auch klar, warum ich nicht die Tür öffnen sollte. Nachdem ich das meinen Schwiegereltern berichtet hatte, waren sie gezwungen, mich wieder zur Schule zu schicken.

Es gab eine Berufsgrundschule in Velbert. Die Schwiegereltern hatten mir Schulsachen gekauft. Ihnen ging es aber nur darum, dass ich dort, den staatlichen Vorschriften entsprechend, bis zum Ende des Jahres anwesend war. Sie hatten geplant, dass wir dann ohnehin für immer Deutschland verlassen würden.

Ich kann mich an die Zeit in der Berufsgrundschule nicht erinnern, ich weiß nur, dass mich einmal die Direktorin zu einem Gespräch in ihr Büro kommen ließ. Sie sagte mir, dass sie meine Zeugnisse durchgeschaut habe und nicht verstehen könne, warum ich bei ihr in der Schule sei. Eigentlich gehöre ich, so sagte sie, in eine richtige Berufsschule und nicht in diese Grundschule. In das Berufsgrundschuljahr gingen nur die Schüler mit den schlimmsten Abgangszeugnissen, keine Schüler wie ich, mit einem guten Hauptschulabschlusszeugnis. Ich erklärte ihr meine Situation. Ihr Gesicht, das von Anteilnahme und Mitleid erfüllt war, werde ich nicht vergessen.

Manchmal in der Nacht, wenn alle schliefen, weinte ich vor Kummer, da ich Heimweh hatte. Meine Schwiegermutter erlaubte mir aber nicht, meine Eltern zu besuchen, die jetzt in Iserlohn wohnten, weil ich, wie sie betonte, jetzt zu ihr und ihrer Familie gehören würde.

An einem Samstag kamen meine Eltern zu Besuch, zusammen mit meinen zwei kleinen Geschwistern. Ich hatte sie so vermisst und freute mich riesig über ihren Besuch. Bevor meine Familie damals nach dem Besuch wegging, habe ich ihnen Süßigkeiten mitgegeben, die noch von der Hochzeit übrig waren. Meine Schwiegermutter war dabei anwesend und ich dachte nicht, dass sie etwas dagegen haben würde – wir hatten doch so viel davon.

Aber mit dem Verschenken der Süßigkeiten war sie offenbar gar nicht einverstanden, ihr Gesicht wurde so rot vor Wut, dass ich dachte, sie würde explodieren. Kaum war meine Familie weg, ist sie total ausgerastet, keiner konnte sie beruhigen. Ich wusste nicht recht, was überhaupt los war. Die Schwiegermutter beschimpfte mich und sagte, was mir denn einfallen würde, ohne ihre Einwilligung etwas wegzuschenken. Ich sollte endlich wissen, dass sie allein die Herrin im Haus sei und mich damit abfinden. Dann sagte sie, ich solle nicht vergessen, von welcher Familie ich abstamme, einer, die in der Gesellschaft doch keinerlei Ansehen und Wert hätte. Nur durch und mit ihrer Familie hätten meine Familie und ich überhaupt einen Wert bekommen. Und ich solle auch nicht vergessen, dass sie mich gewissermaßen nackt und mit nichts von meinen Eltern übernommen habe und ich somit in ihrer Familie keinerlei Rechte und Ansprüche hätte.

Was sie da in ihrem Zorn sagte, bestätigten die ganzen Warnungen und Befürchtungen, die meiner Mutter vor meiner Hochzeit von befreundeten Frauen im Dorf gegeben worden waren. Diese Worte machten mir deutlich, dass sie bewusst ein armes Mädchen zu ihrer Schwiegertochter bestimmt hatte, damit diese keine Rechte haben und keine Ansprüche stellen würde. Für sie galt: Jemand der nichts hat, der nichts mitbringt, hat auch keine Rechte. Sie hätte für ihren Sohn auch eine Frau aus einem reichen Elternhaus finden können, mit Wohnungen und Häusern zur Mitgift, aber dann hätte diese Frau Rechte und das wollte Frau Anna offenbar nicht.

So hat sie mir klar und deutlich ihre Machtansprüche aufgezeigt, natürlich vor meinem Mann, der dazu nur sagte: »Mach dir nichts daraus, meine Mutter wird sich schon beruhigen.« Gott, was habe ich geweint an diesen Tag. Meine Würde als Mensch und Frau hatte sie verletzt – und das sollte nicht das einzige Mal bleiben.

Morgens gingen alle drei zur Arbeit. Ich versuchte manchmal zu kochen, um den Heimkommenden nach der Arbeit etwas bieten zu können, aber oft geschah es, dass mir das Essen anbrannte. Einmal hatte ich versucht Blätterteig zu machen, um damit eine Spinat-Pita zu backen. Am Ende war die Wohnung voller Mehl.

Meine Schwiegereltern kamen als Erste von der Arbeit nach Hause. Der Schwiegervater war manchmal so müde, dass er schon um 19 Uhr auf der Couch einschlief. Dann fing er laut an zu schnarchen, bis ihn seine Frau weckte, damit er ins Bett ging.

Mein Mann kam meist kurz danach von der Arbeit. Zusammen hatten wir dann in der Regel auch nicht viel zu reden. Er kam, duschte sich und dann ging er in sein Zimmer, blätterte in seinen Comic-Heften, die er sehr liebte oder hörte sich seine Schallplatten an.

Nachmittags sollte ich von meiner Schwiegermutter verschiedene Handarbeiten lernen. Dazu gehörte, dass sie mir das Stricken, Sticken, Häkeln, Nähen und Kochen beibrachte. Öfters saß ich mit ihr im Wohnzimmer und musste häkeln, während mein Schwiegervater schon eingeschlafen war. Schöne Tischdecken hatte ich zu häkeln. Mein Mann schaute unterdessen, wenn er nicht gerade in seine Comics vertieft war, seine Lieblingssendungen an. Oder ich musste mit der Schwiegermutter in ihr Zimmer gehen, wo sie ihre Nähmaschine hatte, um von ihr das Nähen zu lernen. Oh, lieber Gott, ich habe es gehasst.

Die Schwiegermutter brachte mir das Kochen bei und wie man Brot bäckt. Sie war oft sehr lieb und behandelte mich wie eine Tochter. Wenn gelegentlich Besuch kam, hat sie immer mit Stolz über mich gesprochen, auch wenn sie mich kurz davor wegen meiner Familie kränkte – niemals hätte sie schlecht über ihre Schwiegertochter gesprochen oder jemandem erlaubt, gegen mich etwas Böses zu sagen, denn dies wäre für sie eine Beleidigung ihrer Familie gewesen.

Mein Mann hatte keine Freunde und somit hatten wir auch keine sozialen Kontakte. Diese Familie blieb unter sich. Mein Mann hatte auch keine Hobbys, sein Leben war bestimmt durch seine Arbeit und das gemeinsame Leben in den vier Wänden.

Mit meinen 16 Jahren musste ich das ganze Feuer an Lebenslust und Neugier, das in mir brannte, vergraben. Es war in mir wie ein Vulkan der ausbrechen wollte, aber stattdessen fest vergraben bleiben musste. So verbrachte ich die Vormittage im Berufsgrundschuljahr mit Mitschülern aus sozial schwachen Familien und die Nachmittage mit dem Erlernen von Hausarbeiten.

Am Freitag kamen die Familienmitglieder normalerweise alle etwas eher von der Arbeit. Dann musste die Arbeitskleidung gewaschen werden für meinen Mann, damit alles für den nächsten Montag vorbereitet war. Samstag gingen wir meistens zu viert spazieren: meine Schwiegereltern, mein Mann und ich.

Wir waren beide jung, 16 und 22 Jahre, lebten aber wie ein altes Rentnerpaar. Ausflüge allein mit meinem Mann, der Besuch einer Disco, Tanzen, Reisen, Freunde haben, etwas Neues erkunden ... all das blieb uns eine fremde Welt.

Meinen Mann störte diese Beschränkung gar nicht, da er nicht besonders aufgeschlossen und interessiert war, aber ich hatte das Gefühl, ich würde wie eine Blume verwelken. Alles in mir schrie nach Leben, aber alles fühlte sich an wie vorzeitiges Altern.

Manchmal fuhren wir auch nach Iserlohn. Nicht dass meine Schwiegereltern mir erlaubten, meine Eltern zu besuchen. In Iserlohn hatten sie eigene Verwandte, die sie besuchten. Ich durfte aber manchmal für etwa eine Stunde zu meinen Eltern. Aber ehrlich gesagt, lieber Gott, störte es mich nicht so sehr, dass diese Besuche selten und zeitlich sehr beschränkt waren. Ich litt immer noch an meiner traumatischen Kindheit und eigentlich wollte ich ja immer nur raus aus meinem Elternhaus. Deswegen war diese eine Stunde völlig ausreichend. Ich muss zugeben, dass es komisch war, dass ich meine Eltern trotzdem liebte und sie auch gleich wieder vermisste, sobald ich gegangen war.

Einmal an so einem Nachmittag, als alle von der Arbeit nach Hause gekommen waren und wir im Wohnzimmer unseren gemeinsamen Abend verbrachten, sagte meine Schwiegermutter in meiner Anwesenheit zu ihrem Mann, dass sie mich zu ihrer Schwiegertochter gewählt habe weil sie hoffte, dass ich meiner Mutter in Wesen und Fleiß nachkommen würde. Wenn sie aber feststellen müsste, dass ich nach meinem Vater kommen würde, dann würde sie mich zu ihm zurückschicken.

Lieber Gott, sie hat wohl nicht daran gedacht, dass ein Kind vielleicht beiden Eltern ähneln und von beiden etwas erben kann. So habe ich nun mal von meiner Mutter die Bescheidenheit geerbt, aber das rebellische im Wesen habe ich von meinem Vater, genauso auch seine Ausstrahlung und auch sein Aussehen. Das gefiel natürlich meiner Schwiegermutter gar nicht. Sie hat meinen Vater nicht gemocht, obwohl sie in ihren jungen Jahren mit meiner Tante, Vaters Schwester, eng befreundet war. Meinen Vater schien sie eher zu verachten, er war für sie nicht zu verstehen.

Als sie das so sagte, dass ich wieder zurückgeschickt würde, wenn ich nach meinem Vater käme, haben beide gelacht und sich darüber amüsiert, auch mein Mann.

Einmal habe ich mich beim Essen dumm angestellt mit Messer und Gabel, dann machten sie sich über mich lustig, während die Schwiegermutter mir zeigte, wie man vornehm und sittsam damit umgeht und richtig aristokratisch isst. Da meinte ihr Mann: »Woher soll sie das denn auch wissen, sie hatten doch bei ihr zu Hause wohl nur selten etwas zu essen.« Und wieder lachten sie alle, auch mein Mann.

Wie sollte ich, lieber Gott, für diesen Mann da noch Gefühle entwickeln, der nicht in der Lage war, seine Frau vor solchen Kränkungen zu beschützen?

Als ich nach fast einem Jahr noch nicht schwanger war, setzte uns die Schwiegermutter unter Druck, ein Kind zu bekommen. Sie kontrollierte jedes Mal, ob ich meine Periode hatte und wann. Die Periode sei ein wichtiger Zeitpunkt, sagte sie mir. Die Fruchtbarkeit der Frau wäre nur an wenigen Tagen im Zyklus gegeben: an den Tagen unmittelbar vor dem Eisprung und dem Tag des Eisprungs, in der Regel 12-16 Tage nach dem Einsetzen der Periode oder etwa zur Mitte des Zyklus der Monatsblutungen. »Das müsstest du doch eigentlich längst wissen«, meinte sie und, dass das wichtige *Frucht-*

barkeitsfenster also nur etwa sechs Tage im Menstruationszyklus umfasst. Wenn man sich wünscht, ein Kind zu bekommen, sind das die richtigen und geeigneten Tage für die körperliche Liebe. Die Periode erfolgt in der Regel alle 28 Tage, ähnlich dem zyklischen Mondwechsel, aber bei jungen Frauen und unter Stress kann die Periode auch mal unregelmäßig sein.

Die Gemeinsamkeit des Zyklus des Mondes mit dem Menstruationszyklus des weiblichen Körpers faszinierte mich ebenso, wie der Umstand, dass Mond und Sonne am Himmel genau gleich groß erscheinen, aber dies beschäftigte mich weniger als das rigide Patriarchalische System unserer Gesellschaft, das den Frauen keine adäquaten Rechte zubilligen wollen. Das war nicht immer so. In manchen früheren Kulturen hatten Frauen erhebliche Rechte und selbstständige Verantwortungsbereiche, besonders in Sparta und in Rom, weniger in Athen. So wurde auch in vielen Kulturen der Mond als weibliche Gottheit verehrt. Im alten Ägypten war es Isis, die Göttin der Fruchtbarkeit und Magie. Auch in der griechischen Antike war der Mond als weibliche Gottheit der Fruchtbarkeit und der Erneuerung personifiziert worden, ausgezeichnet durch besondere Schönheit – Artemis, Danaé oder Selene – auch verstanden als Schutzgöttin der Zauberkunst. Im alten Rom waren Luna und Diana die Mondgöttinnen.

Als ich wieder einmal meine Periode hatte und die Schwiegermutter es unglücklicherweise mitbekam, als sie im Bad den Mülleimer kontrollierte, wurde sie richtig wütend. Ihr Gesicht wurde rot und sie rief: »Was machen wir bloß, wenn sie keine Kinder kriegen kann?« Die Antwort meines Schwiegervaters war natürlich, dann würden sie mich halt zurückgeben. Und wieder sagte mein Mann nichts.

Lieber himmlischer Vater, ich war nichts anderes als ein Gegenstand, der im Familieninteresse funktionieren sollte. Wenn ich den vorgesehenen Zweck nicht erfüllte, wäre ich überflüssig gewesen und hätte verschwinden sollen.

Irgendwann musste ich in Begleitung der Schwiegermutter zum Gynäkologen, ob ich gesund sei und überhaupt Kinder bekommen könne. Es war eine der peinlichsten Untersuchungen, die ich je über mich ergehen lassen musste. Ich war nicht mal 17 Jahre alt. Ich kann mich daran erinnern, als wäre es gestern gewesen, wie der Arzt, ein Mann um die 60, meiner Schwiegermutter auf die Schulter klopfte und sagte: »Keine Angst, Frau Anna, Ihre Schwiegertochter wird Ihnen sicher noch einen Enkel schenken, nur sie ist jetzt noch zu jung dazu. Haben Sie Geduld.«

Meine Würde, meine Lebenslust ging immer mehr verloren und ich konnte mich nur noch deprimiert den Umständen fügen. Ich fühlte mich in dieser Familie ohne jeden Wert. Meine Hoffnung war, dass sich vielleicht alles ändern würde, wenn wir zurück nach Griechenland gingen.

Die Schwiegereltern hatten in Griechenland, in der Stadt Arta, eine Eigentumswohnung, die zu dieser Zeit vermietet war. Arta ist eine Stadt in Epirus. Sie liegt am Fluss Arachtos, über den eine malerische Brücke führt, 13 Kilometer oberhalb seiner Mündung in den Ambrakischen Golf, einem Busen des Ionischen Meers an der griechischen Westküste. Die Mieter der Wohnung waren schon informiert worden, dass sie die Wohnung räumen müssten, wegen Eigenbedarf der Eigentümer. Und dann gab es außerdem auch noch das Haus der Schwiegereltern im Dorf, wo diese eigentlich in Zukunft leben wollten.

Der Traum, mich mit 18 zu trennen, um dann mein Leben eigenständig zu leben, verflüchtigte sich, da ich nun auch zu der Meinung gekommen war, dass eine Ehe etwas Heiliges sei und man dafür kämpfen müsse. Nur hatte ich nicht geahnt, mit welchen Dämonen ich da zu kämpfen haben würde.

Darum wird ein Mann seinen Vater und seine Mutter verlassen und wird fest zu seiner Frau halten, und die zwei werden ein Fleisch sein.

1 Moses, Kapitel 2, Vers 24

Naja, lieber Gott, es wäre schön gewesen, wenn die Eltern meines Mannes, vor allem die Schwiegermutter, diesen Bibelspruch respektiert hätten. Aber dafür *liebte* die Schwiegermutter ihre Familie wohl zu sehr und wollte ihre autoritäre Macht und ihre Herrschaft über mich nicht aufgeben.

Mein erstes Ehejahr in Velbert, und nicht nur das, war in Wirklichkeit ein gemeinsames Leben mit den Schwiegereltern. Schleichend und über die Jahre entwickelten sich das Verhältnis und die Liebe zu meinen Mann mehr zu einer einfachen brüderlichen Liebe, als zu einer erotischen Liebe, wie es eigentlich zwischen Ehepaaren der Fall sein sollte. Eigentlich hatte ich also gar nicht Nikos geheiratet, sondern ich war in eine Ehe geraten, in der ich mich gefesselt fühlte von den Stricken seiner Mutter, eingezwängt hinter verschlossenen Türen.

Im Oktober 1985 war es soweit: Es war alles vorbereitet für die endgültige Rückkehr nach Griechenland. Meine Schwiegereltern waren noch zu jung für die Rente, aber sie hatten genug Geld, um bis zur Rente vom Ersparten zu leben.

Im Sommer 1985 haben wir keinen Urlaub in Griechenland gemacht, da wir im Herbst Deutschland verlassen wollten. Die Schwiegereltern hatten alle Möbel für die Wohnung in der Stadt neu gekauft: zwei identische Schlafzimmereinrichtungen, eine Einbauküche und Möbel fürs Wohnzimmer. Natürlich auch alle elektrischen Geräte vom Fernseher bis zur Waschmaschine. All das ist im September mit einem Möbeltransport nach Griechenland gebracht worden.

Die Einrichtung der Wohnung übernahm natürlich die Schwiegermutter, alles ist nach ihren Geschmack eingerichtet worden. Ich wurde nicht mal gefragt, ich hatte doch eh keine Ahnung.

Mein Mann war technisch und handwerklich sehr begabt. Es gab nichts, was er nicht machen oder bauen konnte. Er konnte einfach alles. So langsam verliebte ich mich in ihn – oder ich dachte es zumindest.

Eines Tages, als ich eine schwere Erkältung hatte und mal wieder alle im Wohnzimmer waren, für das feierabendliches Familientreffen, habe ich Schüttelfrost gekriegt, wegen meines hohen Fiebers. Er hat mich liebevoll mit einer Decke zugedeckt. Seine Mutter hat seine liebevolle Geste ins Lächerliche gezogen. Das war das erste Mal, dass ich meinen Mann sagen hörte, sie solle damit aufhören. Seine Mutter fing darauf an zu weinen und sagte, womit sie es wohl verdient habe, dass er so mit ihr spreche. Sie würde jetzt vor Kummer sterben. Natürlich musste ihr Sohn sie dann trösten.

Solche Szenen musste ich leider öfters erleben. Diese Frau hatte offenbar Angst, dass die Liebe ihres Sohnes zu mir größer werden könnte als zu ihr. Wie dumm; was hat die Liebe eines Kindes zur Mutter mit der Liebe zu einer Ehefrau zu tun?

Kurz bevor wir mit dem Auto nach Griechenland losfuhren, haben wir uns noch von den Verwandten meiner Schwiegereltern verabschiedet, auch von der Schneiderin, die mir das Hochzeitskleid nähte. Als wir bei ihr zu Besuch waren, hat sie mich auf die Seite genommen und mir gesagt, wenn ich jetzt in Griechenland sein würde, müsse ich dort aufpassen, da die Menschen versuchen könnten, mich von meiner Schwiegermutter zu trennen. Sie behauptete, dass es in Deutschland leichter sei mit dem symbiotischen Zusammenleben der Familien als in Griechenland. Die Versuchungen seien dort größer und die Bereitschaft, sich den Sitten der modernen Zeit anzupassen. Sie gab zu, dass meine Schwiegermutter keine einfache Person sei, aber sie zeigte sich auch davon überzeugt, dass sie mich liebte wie ihre eigene Tochter. Da ich noch sehr jung sei, wolle sie mich beschützen. Ich solle nichts und niemanden zwischen sie und mich kommen lassen.

Na ja, ich lebte schon sehr ausgeschlossen von der Welt, nur zusammen mit meinem Mann und seinen Eltern. Dazu noch meine Schwägerin und ihre Familie. Andere soziale Kontakte hatten wir nicht.

Mitte Oktober kamen wir in Griechenland an. Es war ein ungewöhnlich milder Oktober. Wir lebten die erste Zeit im Dorf im Elternhaus meines Mannes, wo auch die Hochzeit gefeiert worden war.

Das Haus war in keinem guten Zustand und musste renoviert werden. Das hat mein Mann selbst gemacht. Es wurden neue Heizkörper installiert, die Küche wurde renoviert und das Bad neu gefliest. Alles neu und zeitgemäß.

Meine Schwägerin war täglich zu Besuch da. Sie ist mit ihrer Familie schon vor einem Jahr in unser Dorf zurückgekehrt, und zwar für immer. Sie behandelte mich wie eine jüngere Schwester. Einmal sind wir zusammen im Dorf spazieren gegangen, während im Haus die Renovierungsarbeiten durch meinen Mann weiterliefen. Da trafen wir sehr viele Dorfbewohner. Einer sagte zu ihr: »Das ist doch die Braut, die ist aber gewachsen seit letztem Jahr.« Meine Schwägerin antwortete darauf: »Natürlich ist die gewachsen, wir haben sie als Kind genommen.«

Das Traurige war, dass mir nicht erlaubt wurde, meine Großmutter zu besuchen, obwohl sie jetzt alleine im Haus lebte. Öfters war auch mein Vater im Dorf, so wie früher und um auf seine Mutter aufzupassen. Aber auch ihn durfte ich nicht besuchen und ich durfte ihn auch nicht grüßen, als er uns zufällig im Dorf über den Weg lief. Wenn ich das mal tat, musste ich mir anhören, was ich mir erlaubte, mich mit diesen Menschen zu unterhalten. Ich kann mir bis heute nicht verzeihen, dass ich nicht schon damals dagegen rebellierte.

Immerhin, lieber Gott, er ist mein Vater gewesen und niemand hat das Recht so zu reden. Mein Vater hatte auch sehr viele gute Eigenschaften und hat sich mehr Sorgen um das soziale Wohl der Menschheit gemacht als manche, die brav jeden Sonntag zur Kirche gehen und den Rest der Woche nur an sich denken. Er hat für die Freiheit gekämpft und gegen den Faschismus, damals in den 70er-Jahren, als es einen Militärputsch in Griechenland gab. Während die anderen ihre Arbeiterrechte genossen und brav in der Fabrik zum Arbeiten gingen, demonstrierte mein Vater mit vielen gleichgesinnten Genossen für Freiheit und Arbeiterrechte. Intellektuell war mein Vater Lichtjahre entfernt von meinen Schwiegereltern, die nie ein Buch gelesen haben. Das ist auch ein Grund, warum meine Mutter meinen Vater bis heute liebt, trotz der oft schweren Zeiten mit ihm.

Ich glaube, meine Schwiegermutter hatte Angst, dass ich die kommunistische Ideologie verinnerlichen und zu einer politischen Rebellin werden könnte. Mit meiner Mutter hatte sie kein Problem. Meine Mutter ist ja auch eine ruhige brave Frau, die niemals einen Anlass zu Unruhe im Dorf gegeben hat. Sie war bekannt für ihre ruhige liebe Art. Wenn sie da war, durfte ich sogar meine Eltern besuchen. Jedenfalls war ich damals noch nicht reif genug, um mich selbst gegen unsinnige Zumutungen und Einschränkungen zu wehren. Ich war damals einfach schwach oder wurde schwach gemacht. Meine Eltern glaubten mir nicht, als ich ihnen erzählte, dass mir verboten worden war, sie zu besuchen.

Auch meine ältere Schwester, die ebenfalls im Dorf lebte, durfte ich nicht besuchen. Ihr Mann hatte eine große Schafherde. Für meine Schwiegermutter war es nicht vorstellbar, dass ich, ihre Schwiegertochter, in dem erbärmlichen Haus dieses Hirten einen Besuch machen könnte. Dabei hat sie wohl vergessen, dass auch sie vor der Zeit in Deutschland als junges Mädchen einmal hatte Schafe hüten müssen. Sie dachte wohl, weil sie in dem bewunderten Deutschland gelebt und gearbeitet hatte, wäre sie jetzt etwas Besonderes.

Meine Schwiegermutter entfremdete mich immer mehr der Familie, von der ich abstammte. Sie sagte, ich wäre etwas Besonderes und hätte mit meiner Familie nichts gemein. Ich war zu schwach dagegen anzugehen und wollte auch keinen Streit mehr, da mir mein Mann in der Sache nicht beistand. Und nach einem Streit konnte ich erst recht nicht zu meinen Eltern zurück, ich musste mich also beugen.

Den biblischen Ratschlag, dass der Mann mit seiner Frau eins werden soll und seine Mutter und Vater verlassen muss, um mit seiner Frau zu gehen, wurde von meiner ach so strenggläubigen Schwiegermutter missachtet. Dafür ging sie aber am Sonntag immer zur Kirche, am Dienstag und Freitag jeder Woche fastete sie und jeden Abend zündete sie die Öllampe vor der Ikone an. Ich musste jeden Sonntag mit ihr zur Kirche. Mein Mann wollte nicht mitkommen, den hat sie in Ruhe gelassen. Aber ich musste mit ihr in die Kirche, damit das ganze Dorf sehen konnte, welch brave und fromme gläubige orthodoxe Christin sie und ich seien.

Nicht dass ich etwas gegen die Kirche hatte, immerhin ist die Kirche auch Gottes Haus, so dachte ich jedenfalls. In meiner Vorstellung gab es aber überhaupt kein Gebäude, egal wie wundervoll es auch gebaut sein sollte, wo Du, Herr, der Schöpfer von Himmel und Erde, reinpassen würdest. Dein Geist ist für mich überall und vor allem in der Natur. Und wenn ich mit Dir reden will, gehe ich lieber raus ins Freie und schaue den Sternenhimmel an, der Deine ganze Herrlichkeit und Unendlichkeit offenbart.

Jedenfalls musste ich jeden Sonntag mit der Schwiegermutter zur Kirche gehen. Wir mussten dazu beide nüchtern sein, also mit leerem Magen, denn nach der Liturgie haben wir das *Antidoro* vom Priester gereicht bekommen, das nach dem Ritus der byzantinischen Kirche gesegnete Brot, das nach der Eucharistiefeier ausgeteilt wird. Jeden Sonntag wurde die Eucharistie so gefeiert. Die Kerzen, der Weihrauch, der Hunger und die Wärme in der Kirche brachten mich öfters unmittelbar an den Rand einer Ohnmacht. Wir jungen Mädchen und Frauen durften uns nicht auf die Stühle setzten, sondern hatten zwei Stunden lang zu stehen und uns nicht zu bewegen. Es war verständlich, dass mein Kreislauf da versagte. Meiner Schwiegermutter war das peinlich, als sie sah, dass ich kreidebleich wurde und kurz vor einer Ohnmacht stand. Aber ich bin nie in der Kirche kollabiert, sondern schaffte es immer noch rechtzeitig an die frische Luft. Die alten Frauen fingen an zu murmeln: »Vielleicht ist sie verflucht, wer weiß, vielleicht hat man sie verhext und sie kann deswegen nicht den Duft des Weihrauchs vertragen.« Solchen und anderen Unsinn raunten sich die Frauen untereinander zu, was natürlich meine Schwiegermutter wütend machte und ihr peinlich war. Ich musste mir dann ihre diesbezüglichen Sorgen auf dem Weg nach Hause anhören.

Das Leben in der Stadt Teil I

Die Wohnung in Arta wurde frei und so entschieden die Schwiegereltern, dass wir alle zusammen dort einziehen würden. Sie fühlten sich für ein Leben im Dorf noch zu jung und das Haus dort war eher als Ferien- oder Wochenendhaus gedacht.

Das Zusammenleben mit den Schwiegereltern ging also weiter, diesmal in Arta, in der Wohnung, die sie eigentlich für ihren Sohn gekauft hatten. – Ein Leben mit meinem Mann, den Schwiegereltern und dem Kind, das ich in meinem Leibe trug. Ich war damals 17 Jahre alt. – Ich wurde in Januar schwanger, hatte dies aber bis Ende Februar nicht bemerkt. Meine Schwiegermutter hatte es, wie sie sagte, geahnt, da ich im Gesicht immer blasser wurde. Bis März erlaubte sie mir aber nicht zum Frauenarzt zu gehen, da sie Angst hatte, was die Leute sagen würden, wenn ich das Kind verlöre. Deswegen durfte ich auch niemandem etwas sagen. Darüber zu schweigen sollte zu meinen Schutz sein.

Auch diese Wohnung wurde nach der Vorstellung der Schwiegermutter eingerichtet. Es gab einen kleinen Flur, der ins Wohnzimmer führte, und einen zweiten langen Flur. Links vom langen Flur kamen die zwei Schlafzimmer, rechts eine längliche Küche und ganz hinten rechts ein großes Bad.

Die Wohnung war in der obere Etage eines Hochhauses aus den 70ern und sehr zentral gelegen. Vom Balkon konnte man die gegenüberliegenden Wohnungen des Nachbarhochhauses sehen. Da wohnte auch der Bruder meines Schwiegervaters mit seiner Frau und den zwei Kindern, die damals auch in meinem Alter waren. Nur die durften Kinder sein, ich nicht. Ich war dabei selbst Mutter zu werden.

Öfters gingen wir, natürlich alle zusammen, nachmittags zu ihnen Kaffee trinken oder sie kamen zu uns rüber. Dann häkelten wir

Frauen und die Männer schauten sich irgendeine Sendung im Fernsehen an. Mein Mann zog sich dann mit seinem Cousin zurück und sie hörten ihre Musik oder spielten Videospiele.

Die Schwägerin meiner Schwiegermutter wirkte schon freundlich, war aber der Schwiegermutter gegenüber verkrampft. Wenn wir mal alleine waren, ohne die Schwiegermutter, erzählte sie mir, wie schrecklich meine Schwiegermutter sie behandelt hatte, als sie jung verheiratet war. Meine Schwiegermutter war nämlich die erste Schwiegertochter, die eingeheiratet hatte, und hatte somit das Sagen und die Macht über die anderen Schwiegertöchter und Schwägerinnen. Das war Ende der 50er-Jahre, bevor alle als Gastarbeiter nach Deutschland gingen. Damals lebten alle unter einem Dach und es herrschten noch strengere Regeln der patriarchischen Gesellschaft als in meiner Zeit.

Jedenfalls hat diese Tante meines Mannes sehr unter der dominanten Persönlichkeit ihrer ältesten Schwägerin gelitten und unter ihren Intrigen. Sie sagte mir, wenn ich jemanden brauche zum Reden, solle ich zu ihr kommen, da sie ganz genau wüsste, wie sehr man unter meiner Schwiegermutter leiden konnte. Ich aber erinnerte mich an die Worte der Schneiderin und fraß alles in mich hinein, was ich schon lange rausschreien wollte. Ich freundete mich auch mit der Tochter dieser Schwägerin an, die fast so alt war wie ich, aber alles, was sich zu Hause abspielte, wurde nicht nach draußen getragen.

Dann war da noch die jüngere Schwägerin meiner Schwiegermutter. Sie war sehr modern eingestellt. Ihr Mann war der jüngste Bruder meines Schwiegervaters. Er war auch ein Freund meines Vaters, aus der Zeit, als beide Mitglieder in der kommunistischen Partei waren. Sie waren damals sozusagen Genossen. Sie konnte nicht verstehen, wie sozial isoliert wir lebten und versuchte, mich aus dieser Welt herauszulocken, indem sie immer Andeutungen machte, wie rückständig wir, die wir aus Deutschland gekommen waren, in sozialer Hinsicht geblieben waren. Mein Mann und seine Eltern mochten sie nicht so gerne, sie war ihnen zu modern. Sie betrieb eine Boutique mit Unterwäsche und verdiente gutes Geld. Es war nicht zu übersehen, dass sie meine Schwiegermutter nicht so sehr mochte. Immer wieder versuchte sie, ihr deutlich zu machen, dass sie uns, als junges Ehepaar, mehr Freiheiten einräumen und uns alleine leben lassen sollte. Doch meine Schwiegermutter vertrat die Meinung, dass ich zu jung wäre, um alleine einen Haushalt zu führen und dass das nur mit ihr zu schaffen sei.

Es war irgendwie alles anders in Griechenland. Ich war schon als Kind von zu Hause weg gewesen und ein anderes Leben gewöhnt. Wir gingen manchmal bereits um 20 Uhr abends zu Bett und es kam vor, dass es kurz darauf klingelte und unangemeldeter Besuch von Verwandten vor der Tür stand. In Deutschland war man gewohnt abends früh ins Bett zu gehen, wegen der Arbeit am nächsten Morgen, aber in Griechenland konnte ein Besuch auch noch abends um neun kommen. Die Menschen hier lebten in einem ganz anderen Rhythmus. Mittags war Siesta und keiner durfte stören, erst spät abends fing das normale soziale Leben an.

Ich verstand langsam, was die Schneiderin sagte: Keiner lebte wie ich, völlig isoliert und nur mit den Schwiegereltern zusammen.

In Deutschland war alles sehr gut geregelt. Von Behördengängen, Arztbesuchen, vom Gesundheitssystem bis zum Verkehr auf den Straßen. Es herrschte einfach Ordnung, Disziplin und Gesetz. Deshalb ist Deutschland wohl auch zu Wohlstand gekommen, auf den andere Länder neidisch sind. Die Verfassung der Bundesrepublik Deutschland wird als das *Grundgesetz* bezeichnet. Im ersten Artikel steht, dass die Würde des Menschen unantastbar sei und geschützt werden muss. In Griechenland erschien mir alles so chaotisch.

Wenn man sich aber an diese Freiheit und Lebensstil einmal gewöhnt hat, will man sie auch nicht mehr missen. Das ist paradox.

Als ich zum ersten Mal schwanger war, erlaubte mir meine Schwiegermutter wie gesagt erst nach drei Monaten, zum Gynäkologen zu gehen. Dabei hat sie mich hinbegleitet, obwohl es mir lieber gewesen wäre, von meinem Mann begleitet zu werden.

Sie hatte für mich den besten Arzt ausgesucht, mit einer eigenen Privatklinik. Sie wollte ja nur das *beste* für ihre Schwiegertochter. Natürlich hatte diese Art von medizinischer Versorgung ihren Preis.

Überrascht vom Ergebnis der Untersuchung sagte der Arzt etwas verärgert: »Was soll ich sagen, das Mädchen befindet sich in fortgeschrittener Schwangerschaft. Es müssen weitere wichtige Untersuchungen gemacht werden.« Diese Untersuchungen hatten natürlich auch ihren Preis.

Als ich zu Hause meine Hand schützend auf meinen Bauch legte und zu sagen wagte: »Es ist nicht so schlimm, es ist für unser Kind.«, flippte meine Schwiegermutter dermaßen aus, dass ich vor Schreck nicht mehr wusste, was eigentlich los war. Sie verbot mir, meinen Bauch zu streicheln, und schrie, was mir einfallen würde zu sagen, es wäre mein Kind. Für sie gehörte dieses Kind ihr und ihrer Familie und niemand anderem, vor allem nicht mir, der Mutter. Wie gewöhnlich wagte ihr Sohn nichts zu sagen. Ich weiß nicht, welche geistige Kraft mir damals beistand, dies alles zu überstehen. Ich unterdrückte meine Tränen und sagte nichts mehr.

Die Untersuchungen liefen und alles weitere in der Schwangerschaft verlief ohne Komplikationen. Der Umstand, dass die Schwiegermutter sehr gesund kochte und darauf achtete, dass es mir durch eine ausgewogene Ernährung gut ging, mag dies begünstigt haben. Mit meinem Mann machte ich täglich lange Spaziergänge. Dies sollte, wie man uns sagte, später zu einer leichteren Entbindung beitragen.

Zur gleichen Zeit hatte meine Familie einen kleinen Obst und Gemüseladen eröffnet. Meine Schwiegermutter musste schließlich auch wieder arbeiten und Geld verdienen.

Sie hatten viel Geld in diesen Laden investiert, aber irgendwie klappte es nicht mit den Einnahmen, die Kunden blieben aus. Es war von Vorteil, dass das Gebäude, wo der Laden eingerichtet wurde, ihr Eigentum und somit keine Miete zu zahlen war. Aber wenn das eingekaufte Obst und Gemüse nicht verkauft wurde, ergaben sich finanzielle Verluste.

Dazu kam noch, dass beide für diese Arbeit nicht geeignet waren. Mein Mann sprach praktisch kein Wort mit den Kunden, das war nun mal seine Art. Und mein Schwiegervater beschimpfte die Kunden, wenn mal welche kamen und dann nur eine Kleinigkeit kaufen wollten.

Manchmal half ich im Laden mit und langsam kamen auch die Kunden wieder. Sie hatten mich irgendwie in ihre Herzen geschlossen.

Ganz genau kann ich mich erinnern, als das Unglück in Tschernobyl passierte, im April 1986. In Griechenland wurde wegen radioaktiver Verseuchung damals kein Verbot zum Verzehr von Lebensmitteln erlassen, der Abstand zu dem Unglücksort in der Ukraine war immerhin recht groß. Aber viele Leute hatten damals dennoch Bedenken Obst und Gemüse zu essen. Als die Leute aber mitbekamen, dass ich selbst alles verzehrte, obwohl ich im sechsten Monat schwanger war, haben die meisten ihre Ängste überwunden und dann glücklicherweise auch wieder bei uns eingekauft.

Im September dieses Jahres, an einem schönen Sonntagabend, brachte ich mein erstes Kind zur Welt. Ich hatte mir alles schlimmer vorgestellt. Es war eine leichte Geburt, sie dauerte nicht mal zehn Minuten.

Ich bekam eine bildhübsche Tochter, so schön wie alle Sterne des Himmels zusammen. Was für ein Wunder, lieber Gott, das Du mit Kindern den Menschen schenkst. Obwohl ich so jung Mutter geworden bin, mit grade mal 18 Jahren, fühlte ich mich stark in meinen Muttergefühlen und mein Beschützerinstinkt wurde wach.

Ich war die jüngste Mutter in der Klinik. Die Hebamme der Klinik meinte, sie hätte nie erwartet, dass ich, so jung, derart leicht würde entbinden können.

Natürlich war meine Schwiegermutter diejenige, die mein Kind als Erste in die Arme nehmen musste. Mein Mann hat nur einen Blick auf das Kind geworfen und wusste nicht recht, was er machen sollte. Er war zu schwach, seine Gefühle zu zeigen, und überließ mal wieder alles seiner Mutter.

Sie bestimmte wie gewöhnlich wieder über alles. Sie blieb im Krankenhaus bei mir. Beim Stillen des Babys schaute sie mich sehr kritisch an.

Nach drei Tagen Klinikaufenthalt wurde ich entlassen. Zu Hause war alles vorbereitet zur Ankunft des kleinen Babys. Die Kinderwiege war in unserem Schlafzimmer. Manchmal stellte die Schwiegermutter sie in ihr Schlafzimmer. Sie meinte, da ich noch zu jung sei, werde sie sich mit dem Baby beschäftigen und es großziehen müssen, schließlich sei es ihr Kind und nicht meins.

Nie hätte ich gedacht, dass sie mir auch meine Rechte als Mutter absprechen und wegnehmen würde. Aber ich hatte mich getäuscht. Sie nahm mir das Kind weg und ich konnte mich auch dagegen nicht wehren.

Durch ihre andauernde Kritik was das Stillen anging, hatte sie es geschafft, mich davon zu überzeugen, dass ich auch dafür ungeeignet sei. Ich hatte auf einmal nicht mehr genügend Milch und konnte mein Kind nicht mehr stillen. Dazu bekam ich, als mein Kind drei

Wochen alt war, noch eine schmerzhafte Mastitis mit sehr hohem Fieber. Auf Anweisung der Schwiegermutter musste ich dann Babymilch verwenden. Ich denke, dass die fehlende Milchproduktion psychosomatische Gründe hatte.

Nachdem ich nicht mehr stillen konnte, genoss die Schwiegermutter es, mir mein Kind aus den Armen zu nehmen und ihm selbst die Flasche zu geben. Als ich es wagte, mich bei meinem Mann zu beschweren musste ich mir anhören wie undankbar ich sei, die Mutter meine es doch nur gut.

Seine Mutter meinte es so gut, dass, wenn mein Baby nachts weinte und ich aufstand, um es in meine Arme zu nehmen und zu trösten, sie einfach in unser Schlafzimmer kam und das Kind aus meinen Armen wegriss, mit der Begründung, ich hätte keine Ahnung und wäre es auch nicht wert, Mutter zu sein.

Trotz ihres orthodoxen Glaubens war sie sehr abergläubisch und bemüht, alte Stammessitten und Gebräuche einzuhalten. Deshalb durften ich und mein Kind die Wohnung über 40 Tage lang nicht verlassen. Sobald die Sonne unterging, durften wir auch nicht mehr auf der Terrasse oder auf dem Balkon sein. Auch meine Wäsche und die des Babys, die nach dem Waschen draußen zum Trocknen hingen, mussten reingebracht werden, selbst wenn sie noch nicht trocken waren. Die Schwiegermutter sagte dazu, dass die Schatten der Nacht kommen und Unheil bringen würden.

Sie beobachtete das Baby, während es schlief. Wie man weiß, verziehen Babys auch im Schlaf ihr Gesicht und machen manchmal Grimassen, mal ernst, mal lächelnd. Dann sagte sie: »Schau, die Moiren (Schicksalsgöttinnen) sprechen jetzt mit ihr und offenbaren ihr ihr Schicksal.«

Nachdem die Sonne untergegangen war, hat sie das ganze Haus mit Weihrauch geräuchert und dann den Rest, der noch glimmte und qualmte, vor die Tür gestellt. Das sollte das Böse und die Schatten der Nacht fernhalten, bis die 40 Tage nach der Entbindung vorüber waren. Sie hat auch niemandem mehr erlaubt uns zu besuchen, nachdem die Sonne untergegangen war. Wenn mal ihre Verwandten, die Brüder meines Schwiegervaters und deren Frauen, die dies nicht wussten, zu Besuch kamen, mussten sie auch mit Weihrauch geräuchert werden. War der Besuch gegangen, fing die ganze Zeremonie von vorne an.

Diese Bräuche waren natürlich nicht christlich, sondern stammten aus einer Zeit, als man an die alten zwölf Götter glaubte. Wie ich bereits erwähnte, kannten die Frauen aus meinem Dorf sich sehr gut aus mit Magie und Hexerei. Mir machte das alles Angst und ich fühlte, dass dies nichts mit Dir, himmlischer Vater, zu tun hatte.

Nach den 40 Tagen musste ich mit dem Baby und meiner Schwiegermutter zur Kirche, in einen bestimmten Gottesdienst, um den Segen der Kirche zu empfangen. Damit sollte die Gefahr beseitigt werden, dass böse Mächte unsere Seele rauben könnten.

Manchmal gingen meine Schwiegereltern für ein paar Tage in das Dorf, wo sie ihren zweiten Wohnsitz hatten, da das Haus dort auch gepflegt werden musste. Der Obst- und Gemüseladen lief nicht gut und wurde deshalb wieder aufgegeben, er wurde vermietet.

Mein Mann hatte nun keine Arbeit mehr, das war aber nicht so schlimm, da die Familie vieles gespart und auch Geld auf der Bank hatte, von dem ich nichts wusste. Jedenfalls lebten wir vom Ersparten. Wenn ich etwas brauchte, musste ich natürlich die Schwiegermutter fragen, da sie das Finanzielle regelte und die Haushaltskasse verwaltete.

Als meine Tochter vier Monate alt war, meinte meine Schwiegermutter, dass ich arbeiten gehen sollte. Ich fand diese Idee nicht schlecht. Die Arbeit würde mir Freiheiten geben und meine finanzielle Abhängigkeit von ihr verringern. Nur – was sollte ich denn arbeiten? Ich hatte keine Ausbildung. Wir überlegten uns, dass ich als Verkäuferin in einem Laden arbeiten könnte.

Eines Tages entschied ich mich selbst und alleine auf Arbeitssuche zu gehen. Ich nahm meinen ganzen Mut zusammen und ging los. In jedem Laden fragte ich, ob sie eine Verkäuferin suchten. Als ich in einem großen Laden im Zentrum der Stadt fragte, das war übrigens der zehnte Laden an diesen Tag, hatte ich Glück und der Geschäftsinhaber hat mich eingestellt. Wie er später zu mir sagte, hatte es ihm imponiert, wie mutig ich gefragt hatte und welchen Willen zum Arbeiten er in meinen Augen erkennen konnte. Der Mann war um die 50, mit grau meliertem Haar und einem Bäuchlein. Er war Jude, auch vom Glauben, und sehr bekannt in der Stadt wegen seines unternehmerischen Geistes. Es war ein großer Modeladen, den er hatte, mit Mode für Kinder, Männer und Frauen. Ich wurde der Abteilung für Männer- und Kinderkleidung zugeteilt.

Innerhalb kurzer Zeit lernte ich alle Geheimnisse der Kunst des Verkaufens. Ich gewann das Vertrauen des Chefs, sodass ich das Geschäft leiten durfte, wenn er auf Geschäftsreise war. Nach drei Monaten bekam ich schon eine Lohnerhöhung und die Schlüssel des Ladens. Öfters musste ich die Vitrine dekorieren, das war lustig, dann kamen immer alle aus ihren Läden und schauten mir zu, wie ich dekorierte. Sie nannten mich alle *das Mädchen der Platia*. Bis heute erinnern sich die Leute noch an mich. Bei den Kunden war ich gefragt und beliebt. Wenn Leute zum Einkaufen kamen, fragten sie alle nach dem *jungen Mädchen*. Mit den anderen Mitarbeitern, die schon länger im Geschäft waren, habe ich mich auch gut verstanden.

Durch die Arbeit, die Anerkennung und Wertschätzung der Menschen bekam ich mein Selbstwertgefühl zurück. Ich war doch nicht so wertlos, wie meine Schwiegermutter behauptete, um mein

Selbstwertgefühl zu begraben und mich gefügig zu machen. Ich war damals nicht mal 19 Jahre alt.

Auf das Kind hat damals die Schwiegermutter aufgepasst, zusammen mit ihrem Mann. Wir lebten ja zusammen. Sie sagten, wenn sie ab und zu in ihr Dorf gehen müssten, würden sie das Kind mitnehmen. Fast unauffällig entzogen sie mir dadurch mein Kind immer mehr. All das ist mir erst viel später bewusst geworden. Für meine Naivität und den Glauben an das Gute musste ich teuer bezahlen.

Am Ende des Monats mussten ich und mein Mann, der Gelegenheitsjobs als Elektriker nachging, der Schwiegermutter das Geld, das wir verdient hatten, geben und sie gab uns dann Taschengeld. Die Schwiegermutter hatte immer noch das Sagen in unsere Ehe und sie führte die Haushaltskasse und bestimmte die Ausgaben, als ob nicht nur mein Mann ihr Sohn war, sondern ich auch ihre Tochter.

In der Arbeit freundete ich mich mit einer Kollegin an, Jianna. Sie war sieben Jahre älter als ich und sehr dick. Sie sprühte vor Lebenslust und Freude. Was die Leute von ihr dachten, interessierte sie nicht im Geringsten. In vollen Zügen genoss sie ihr Leben. Sie hatte ein ganz anderes Leben als ich. Ihr Bruder hatte eine Bar und war sehr aktiv im Nachtleben der damaligen Zeit in der Stadt, genauso wie sie auch. Ihr Freund arbeitete in einem Spielkasino, wo die reichsten Zocker und Geschäftsmänner der Stadt spielten. Sein Hauptjob war aber im Rathaus im Bildungsministerium.

Jianna wurde für mich wie eine Schwester. Das sie ein freies selbstbestimmtes Leben führte, gefiel meiner Schwiegermutter nicht. Sogar mein Chef meinte, ich solle mich nicht von ihr beeinflussen lassen. Im Endeffekt lebte ich mein Leben in einer Blase, in die mich meine Familie gesteckt hatte, vielleicht auch, um mich vor der bösen Welt zu beschützen. Ich durfte gar keinen privaten Kontakt zu der Kollegin haben und somit sahen wir uns nur während der Arbeit.

Manchmal kam sie morgens noch leicht alkoholisiert zur Arbeit und ich versuchte, sie zu decken, wenn sie Fehler machte oder ich ließ sie im Lager schlafen und wenn der Chef kam, weckte ich sie schnell auf. Ihr Lieblingsspruch war: »Ich will leben, schlafen kann ich, wenn ich gestorben bin.« Jianna war meine erste Freundin, die in meiner späteren Zukunft eine große Rolle spielen sollte. Durch sie wurde mir bewusst, dass das, was wir in der Familie lebten, nicht normal war, sondern eher krank. Sie half mir zu verstehen, wie ein Ehepaar funktionieren sollte.

Sie hatte viele Bekannte und Freunde. Ich bat sie deshalb zu überlegen, ob sie jemanden kannte, der meinem Mann Arbeit geben konnte. Sie hatte ein großes Herz und am gleichen Tag traf sie sich mit einem Freund, der Bauunternehmer war. Er stellte meinen Mann als Elektriker ein. Die Baustelle, auf der mein Mann arbeitete, war ein großes Projekt der Stadt. Später wurde es von deutschen Baufirmen übernommen. Mein Mann war sehr gut und begabt für diese Arbeit. Einige Zeit später lernte er deutsche Firmen kennen, die ihn dann auch einstellten.

Es war von großem Vorteil, dass mein Mann in Deutschland eine Lehre als Elektriker gemacht hatte und er damit der geeignetste für die deutsche Firma war, die das Bauprojekt leitete. Somit hatten wir jetzt beide eine gute Arbeit und verdienten eigenes Geld, am Ende des Monats gaben wir es natürlich in die Haushaltskasse.

Als meine Schwiegermutter sah, dass ich mich veränderte und mehr auf mein Rechte bestand, zeigte sie wieder ihr böses Gesicht.

Es war kurz vor Ostern. Ich bekam eine Gehaltserhöhung und mit dem Geld hatte ich für mich neue Kleider gekauft, was auch mit meinem Mann abgesprochen war. Samstagabend fuhren wir dann übers Wochenende in unser Dorf. Es war Ende des Monats und die Schwiegermutter fragte, wo das Geld bleiben würde. Mein Mann gab es ihr, da sie, wie gesagt, die Haushaltskasse führte. Sie zählte das Geld und stellte dabei fest, dass etwas fehlte. Da sagte ich ihr, ich hätte mir was Neues zum Anziehen gekauft. Lieber Gott, was hat sie dann gewütet vor Zorn. Aber zum ersten Mal erhob ich meine Stimme und wehrte mich. Ich sah zu meinem Mann, aber er sagte nur, wir sollten doch damit aufhören. Als sie mich weiter beleidigte, sagte mein Mann, sie solle endlich aufhören, immerhin sei er von mir über die Anschaffung unterrichtet worden und habe es mir auch erlaubt.

Es war Samstagabend. Meine Tochter, damals zwei Jahre alt, war schon im Bett. Die Schwiegermutter fing hysterisch an zu heulen und zu fluchen. Ihr Mann kam dazu und meinte, ob das unser Dankeschön sei für all die Opfer, die sie gebracht hätten. Jetzt sollten wir das Kind nehmen und gehen. Sie würden in Zukunft keine Minute mehr auf das Kind aufpassen und ich solle eben die Arbeit aufgeben.

Ich versuchte zu erklären, dass dies nicht von einem Tag zum anderen ginge, da mein Chef auf einer Geschäftsreise sei und ich die ganze Kasse und die Schlüssel vom Laden hätte, nur ich könne den Laden am Montag öffnen. Das interessierte meine Schwiegermutter aber nicht. Sie ahnte, dass mein Verhalten sich ändern und ich mich endlich wehren würde, da ich eigenes Geld verdiente. Ich bekam langsam Selbstwertgefühl. Das hatte sie mit alle Macht zu verhindern versucht.

Wir nahmen unser Kind und fuhren wieder in unsere Wohnung in der Stadt, die nicht mal unsere Wohnung war. Nach längeren Gesprächen entschieden wir uns, unsere Tochter in einen Kindergarten zu bringen, damit wir beide arbeiten und unsere Familie aufbauen konnten. Es war das erste Mal, dass ich alleine mit meinem Mann etwas entscheiden konnte. Er nahm mich in seine Arme und sagte: »Jetzt wird alles gut.« Ich glaube, lieber Gott, in dem Augenblick verliebte ich mich zum ersten Mal in meinen Mann. Seine Eltern waren weg und er konnte nicht mehr von ihnen beeinflusst werden. – Dachte ich jedenfalls. Ich hatte vergessen, wieviel Macht in der Seele meiner Schwiegermutter steckte.

Sonntagabend und ohne Voranmeldung, als ich grade unser Kind ins Bett brachte und mein Mann in der Küche war, hörte ich, wie jemand die Schlüssel im Schloss drehte. Meine Schwiegereltern kamen. Sie wirkten ruhig und verhielten sich als das was sie waren: die Herren dieses Hauses. Nachdem sie ein paar Sachen aus dem Dorf im Kühlschrank verstauten, setzten sie sich an den Küchentisch und wir redeten. Mein Mann erzählte ihnen von unserer Entscheidung. Ich saß neben ihm. Mein Schwiegervater stand auf und schimpfte, was uns einfalle, seine Enkeltochter in einen schäbigen, städtischen Kindergarten zu geben. Mein Mann solle sich schämen. »Die, die wir nackt von ihren Eltern nahmen, die Tochter eines dreckigen Kommunisten, hat deinen Verstand geraubt«, zeterte er.
Als mein Mann sagte, es sei unsere Entscheidung und sie sollten sich nicht einmischen, fing meine Schwiegermutter hysterisch an zu heulen und gleichzeitig fluchte sie. Mein Schwiegervater sagte dann, diese Wohnung gehöre ihm, mein Mann sollte ihm sofort die Haus- und Autoschlüssel geben und wir sollten auf der Stelle die Wohnung verlassen. Mein Mann sei enterbt, wenn er nicht sofort seine Meinung ändere. Mein Mann wurde immer leiser und ich brachte kein Wort raus. Er bekam Angst.
In mir brannte die Ungerechtigkeit, die hier gerade passierte, wie Feuer. Ich hörte mich nur sagen: »Bitte, bitte, Nikos, lass uns jetzt gehen. Wir gehen erst in ein Hotel und morgen schauen wir weiter.« Meine Stimme war leise, fast flüsternd, dann wurde ich lauter und

flehte ihn an, jetzt bloß keine Angst zu bekommen. Wir bräuchten weder ihr Geld noch ihre Wohnung, wir bräuchten nur uns.

Seine Mutter auf der anderen Seite flehte ihn an, sich zu besinnen, sonst würde man ihm enterben. Und wenn er tun würde, was ich wollte, würde sie sterben oder sich umbringen.

Ich konnte nicht mehr und ging in ein anderes Zimmer. Mein Mann kam zu mir und sagte, seine Eltern hätten recht und er könne und wolle nicht ohne sie leben. Ich müsse mit meiner Arbeit auf der Stelle aufhören. Das Kind brauche erst mal keinen Kindergarten.

Die Wut in mir war wie ein Vulkan, der nicht mehr aufzuhalten war. Die Ungerechtigkeit, lieber Gott, zerriss mich. Ich ging in die Küche zurück, wo sie jetzt alle ruhig saßen, da sie das, was sie wollten, erreicht hatten. Ich schlug mit der Faust auf dem Tisch und sagte: »Ihr habt Glück, dass eurer Sohn ist, was er ist, und ihr ihn einschüchtern konntet. Wenn ich aber euer Sohn wäre, ja, ich, das Kind dieses dreckigen Kommunisten, wie ihr meinen Vater nennt, würde ich euch eure Reichtümer, das Auto, die Schlüssel und alles was ihr habt vor die Füße werfen, meine Familie nehmen und weggehen. Aber ihr habt einen Feigling als Sohn und das ist euer Glück.«

Meine Schwiegermutter schlug noch die Hände vors Gesicht und meinte, ich wäre verhext, dass ich so rede, jemand habe uns was Böses gewünscht und deswegen hätten wir diese Unruhen und Streitigkeiten im Haus. Sie zündete die Öllampe vor der Ikone an und räucherte noch mit Weihrauch die Wohnung aus.

Ich ging zurück in mein Zimmer. Mein Mann kam, wollte mich in seine Arme nehmen und sagte: »Es wird alles gut, ich werde auch dafür sorgen, dass wir mehr ausgehen und nicht nur zu Hause bleiben.« Ich sagte nur noch »Du hattest es mir versprochen,« und dann fiel ich in Ohnmacht.

Am späten Abend rief ich meinen Chef an und sagte ihm, dass ich aus familiären Gründen morgen nicht zur Arbeit kommen könne.

Zum Glück war er von seiner Geschäftsreise zurückgekehrt und konnte selbst den Laden öffnen.

Drei Tage später brachte ich ihm die Schlüssel und sagte ihm, dass ich per sofort kündigen würde. Es war in der Karwoche vor Ostern, eigentlich unmöglich, jemanden an diesen Tagen im Stich zu lassen. Ich konnte ihm nicht alles erklären, da ich nichts nach außen tragen wollte, aber er verstand es. Er sagte nur: »Mädchen, die haben dich nicht verdient.«

Mein Alltag war wieder zu Hause mit meinen Schwiegereltern. Ich hielt aber Kontakt mit meiner Freundin. Wenigstens mit ihr durfte ich ab und zu telefonieren. Einmal bin ich sogar mit meinem Mann ausgegangen, in den Pub von Jiannas Bruder.

Einen Tag nach diesem Geschehen, als wir wieder alle zusammen im Wohnzimmer saßen – die Männer schauten Fernsehen, meine Schwiegermutter und ich häkelten, meine Tochter schlief schon –, war es, als ob die Zeit stehengeblieben wäre. Ich sah nun alles aus einer anderen Perspektive. Ich erkannte, wie meine Jugend verging und merkte, wie unendlich traurig ich wurde. Ich hörte das Lachen meines Mannes und seiner Eltern, die etwas im Fernsehen beobachtetem, schaute nach unten, wo die Wolle fürs Häkeln lag. Ich wurde von einem Gefühl der Verzweiflung überflutet. Ich stand auf und ging ins Bad. Ich schlug mit meinen Fäusten auf das Waschbecken und weinte. Ich war gefangen in diesem Schicksal, doch sagte mir eine innere Stimme: *Geduld, es wird sich alles ändern, ich hole dich hier raus.* Es war meine eigene innere Stimme, die mich davor bewahrte durchzudrehen.

Mein Mann gab sich mehr Mühe als sonst, aber irgendwas war kaputt gegangen an jenem Tag, trotzdem wollte ich weiter für diese Ehe kämpfen.

Durch die Unterdrückung meiner Gefühle und meiner Seele fing mein Körper an sich zu wehren. Ich bekam Probleme mit Magen und Galle und hatte öfters Schwächeanfälle.

Als ich mich mal wieder vor Schmerzen krümmte, meinte die Schwiegermutter, ich würde simulieren. Ich ging zum Arzt. Er fragte mich nach der Untersuchung: »Kind, wie alt bist du?« Ich sagte, ich sei 20 Jahre alt. Er meinte, was ich hätte, wären psychosomatische Erkrankungen. Die Probleme mit der Galle kämen von Stresssituationen. Er sagte: »Ich weiß nicht, wer dir das Leben so schwer macht, aber ich gebe dir den Rat: sieh zu, dass du deine Ruhe findest und schüttle diesen Ballast ab.«

Wenn er nur wüste. Wo sollte ich denn hin? Meine Eltern würden mich nie aufnehmen. Eine Arbeit hatte ich nun auch nicht mehr, auch kein eigenes Geld. Nirgendwo eine Hoffnung. Ich musste weiter für meine Ehe kämpfen.

Ich brauchte so dringend jemanden, der seine Arme für mich öffnete, der mich wirklich liebte. Lieber Gott, ich brauche echte Liebe, ich verwelke wie eine Blume.

Als es mal wieder zu einem Streit kam, wollte ich mich umbringen. Ich hielt es nicht mehr aus.

Es war Sommer im Dorf und es gab ein Dorffest, eines der Feste, bei denen sich alle Dorfbewohner aus der ganze Welt zusammenfanden, um zu feiern und fröhlich zu sein. Meine Eltern waren aus Deutschland gekommen. Als wir draußen waren, mit meinem Mann, um etwas einzukaufen, sah ich meinen Vater und setzte mich zu ihm in ein Café. Meine ältere Schwester mit ihrem Mann war auch da. Zufällig kamen meine Schwiegereltern mit ihrer Tochter vorbei und hatten auch mein Kind bei sich. Ich sagte ihnen, ich käme gleich.

Zu Hause angekommen gab es wegen des Zusammentreffens mit meinem Vater dann Streit. Ich wehrte mich gegen die Beleidigungen, da hat mein Mann mir eine Ohrfeige gegeben. Ich sah nur einen Ausweg, um das alles zu beenden, lief in die Küche und schrie nur noch: »Ich halte euch nicht mehr aus!« Ich ging zum Medikamentenschrank und nahm die Packung Schlaftabletten. Ich wollte sie runterschlucken. Mir war es in diesem Moment egal, was passieren würde, ob ich sterbe oder im Krankenhaus lande. Ich wollte einfach weg, weg aus dieser Hölle. Ich lief mit der Packung ins Bad und versuchte, die Tür zu zuzumachen. Mein Mann ahnte, was ich vorhatte, und schaffte es gerade noch, seinen Fuß in die Tür zu stellen. Er war stärker und somit schaffte ich es nicht, mich im Bad einzuschließen. Er riss mir die Packung aus der Hand und war selbst erschrocken. Er entschuldigte sich. Ich flehte ihn an: »Ich will zu meiner Mutter.«
Er brachte mich dann in mein Elternhaus.
Meine Mutter hat mich damals zum ersten Mal in ihre Arme genommen. Sie sagte zu meinem Mann: »Um Gottes Willen, Nikos, wer hat euch verflucht? Das ist nicht normal, was ihr mit meiner Tochter macht.«
Er versicherte meiner Mutter, dass sich alles regeln und er jetzt endlich seiner Mutter die Grenzen zeigen würde.
Wir blieben ein paar Stunden bei meinen Eltern, dann gingen wieder zu seinen Eltern zurück. Wir wollten unser Kind holen und das Dorf verlassen. Erst wollten wir in die Stadt und dann hätten wir weitergesehen. Als wir gingen, schlug meine Mutter noch das Kreuz und sagte: »Gott sei mit euch. Nimm deine Frau und dein Kind und geht weg von ihr.«
Wie soll ich, lieber Gott, sowas je vergessen.
Angekommen in Nikos Elternhaus, wollten wir unsere Tochter wecken und wegfahren. Es war zehn Uhr abends. Die Schwiegermutter

wirkte sehr besorgt und versuchte, sich bei mir zu entschuldigen.
Sie rief: »So lass doch das Kind, es schläft und es ist zu spät.« Doch
mein Mann war entschlossen zu gehen. Er sagte noch zu ihr: »Geh
beiseite, das ist alles zu weit gegangen!«
Sie flehte mich an: »Bitte, geht nicht.«
Sie tat mir leid. Ja, lieber Gott, sie tat mir tatsächlich leid. Ich sagte
zu meinem Mann, wir könnten nicht gehen. Wir könnten sie so
nicht zurücklassen. Er sah mich verwundert an, er war gerade dabei,
unser Kind zu wecken. Ich sagte: »Es ist deine Mutter und die leidet
jetzt auch darunter.«
Wir blieben. Vom Dorffest klang Musik herüber. Menschen freuten
sich und feierten. Wir blieben zu Hause. Ich legte mich in unser
Ehebett, das Bettchen meiner Tochter stand neben mir. Sie streckte
im Schlaf ihre süße kleine Hand aus, als ob sie ahnte, was los war,
um mir zu sagen: *Ich bin bei dir.* Ich hörte noch die Musik vom
Dorffest, mit den Klängen der Klarinetten – die gleiche Musik, die
bei unserer Hochzeit spielte.

Wir fuhren am nächsten Tag in die Stadtwohnung. Die Eltern meines Mannes kamen weiter unangemeldet zu Besuch, aber sie hielten
sich jetzt etwas zurück. Da es Sommer war, hielten sie sich lieber
im Dorf auf, auch weil in der Stadt die Hochsommertage zu heiß
waren.
Mein Mann und ich bemühten uns, unsere Ehe zu stabilisieren. Wir
wollten noch ein zweites Kind und dachten, dass dies unsere Ehe
stärken und verbessern würde. Wie dumm wir waren. Das wirkliche
Problem konnte oder wollte mein Mann nicht angehen. Damals verdiente er gutes Geld und ich schlug vor, in eine eigene Wohnung zu
ziehen.
Ich bat meinen Mann, etwas mehr mit mir zu unternehmen. Für
mich konnte unser Leben nicht einfach nur darin bestehen in unse-

ren vier Wänden zu hocken und einzig einmal einen Ausflug ins Dorf zu unternehmen oder mit seinen Eltern ans Meer zu fahren. Und das jedes Jahr, immer das Gleiche. Alles, was wir unternahmen, geschah nur in Anwesenheit seiner Eltern. Das war keine Ehe.

Meine Schwiegereltern machten uns Ende August den Vorschlag auf unsere Tochter aufzupassen, damit wir mal alleine Urlaub machen könnten. Es waren fast zwei Monate vergangen seit dem Vorfall im Dorf.

Anfang September fuhren wir dann zum ersten Mal zusammen ans Meer, mein Mann und ich. Es war der gleiche Ort wo wir damals einen Teil unserer Hochzeitsreise verbracht hatten: Parga, eine malerische Stadt an der griechischen Westküste. Sie ist umgeben von hohen Bergen und zieht sich entlang einer kleinen Bucht am Meer. Mit den zahlreichen Olivenhainen im bergigen Hinterland, den engen Gassen mit alten, liebevoll gepflegten venezianischen Gebäuden im Zentrum des Ortes und den zahlreichen nahegelegenen Stränden schien uns Parga ein schöner Ort zu sein, um uns in unserer Ehe wieder näher zu kommen.

Obwohl wir vieles zusammen unternahmen, fehlte mir diese enge Verbindung, die ein Paar eigentlich haben sollte. Ich liebte meinen Mann auf eine Weise, wie man einen guten Freund oder Bruder liebt. Trotzdem unterdrückte ich diese Gefühle, da ich um alles in der Welt meine Ehe retten wollte. Es war eine schöne Zeit, es sollte aber die einzige bleiben.

In diesem Sommer wurde ich mit meinem zweiten Kind schwanger. Als ich meine Schwiegereltern über die Schwangerschaft informierte, beschlossen sie, wenn das Kind da sein würde, sich langsam mehr in ihr Haus im Dorf zurückzuziehen, da die Wohnung in Zukunft wohl zu klein sein würde.

Diese Schwangerschaft habe ich viel bewusster wahrgenommen als die erste. Jede Bewegung des Babys im Bauch fühlte ich, immer wieder streichelte ich über meinen Bauch, ohne dass meine Schwiegermutter es mir verbot. Ich fühlte mich viel erwachsener, auch in der Rolle als Mutter. Dies war möglich geworden, weil endlich ein gewisser Abstand da war und sich die Schwiegereltern zurückhielten.

Nach einer Untersuchung meinte der Frauenarzt, es würde ein Mädchen. Als ich nach Hause kam und es der Familie sagte, fing meine Schwiegermutter an zu weinen. Sie wünschte sich einen Enkelsohn. Ihr Mann und ihr Sohn haben dann mit ihr geschimpft und sagten, das Wichtigste wäre doch, ein gesundes Kind zur Welt zu bringen.

Mir war das egal. In meinem tiefen Innern wusste ich, dass es ein Junge werden würde und ich ahnte auch, dass mein Sohn am gleichen Tag auf die Welt kommen würde wie ich, obwohl der Arzt den Geburtstermin für Anfang Juli voraussagte. Diesen mütterlichen Instinkt habe ich damals mehr gespürt als in meiner ersten Schwangerschaft. Nur dass diesmal nicht alles so reibungslos verlief. Im achten Monat und danach sollte ich, wenn möglich, nicht viel machen und keine Lasten heben, da ich bereits Wehen hatte. Ich hielt mich aber nicht immer an die Anweisungen des Arztes. Es war mir in meinen jungen Jahren nicht bewusst, welche Gefahren mit der Schwangerschaft verbunden sein könnten.

Die Streitigkeiten und der Versuch der Unterdrückung seitens der Schwiegermutter gingen weiter. Diesmal fühlte ich mich aber stärker, mich dem zu widersetzen. Allerdings löste dieser Stress auch die Beschwerden aus.

Meine kleine Tochter, die damals drei Jahre alt war, musste ich natürlich auf das Baby vorbereiten. Es ist immer schwer für das erste Kind, wenn es durch ein zweites Kind glaubt, die Liebe und Aufmerksamkeit, die es bisher genoss, zu verlieren. Ich versuchte mit alle Mitteln, sie zu überzeugen, dass es nicht so sein würde. Ich versicherte meiner Tochter, dass sie immer unsere Prinzessin bliebe, die wir über alles liebten. Öfters haben wir beide dann zusammen meinen Bauch gestreichelt, wenn das Baby sich drehte und streckte. Das war dann lustig, in ihrem kleinen süßen Gesicht zu sehen, wie sie sich auf ihr Geschwisterchen freute. Natürlich haben wir diese schönen harmonischen Momente in der Familie sehr genossen, wenn die Schwiegereltern nicht da waren.

Ich konnte meinen Mann überreden, dass die Taufpatin unseres zweiten Kindes meine Freundin werden sollte. Es war das erste Mal, dass ich es schaffte eine Änderung herbeizuführen, die eine viele Jahrhunderte alte Tradition betraf. Als die Schwiegermutter anfing sich darüber zu beschweren, erinnerte ich sie daran, wem sie es zu verdanken hatte, dass ihr Sohn eine gute Arbeit mit hohen Verdienst und Ansehen hatte. Und dass wir es ihr versprochen hatten, dass sie bei unserem zweites Kind Taufpatin sein würde, als kleines Dankeschön. »So ein Versprechen«, sagte ich, »darf man nicht brechen, denn sonst könnte das entsprechend dem alten Glauben Unheil bringen.« Mit der Zeit wusste ich, wie ich mit meiner Schwiegermutter umzugehen hatte. Da sie sehr abergläubisch war, hatte sie nichts mehr dagegen und freundete sich mit diese Entscheidung an.

Ein Tag vor meinem Geburtstag fingen heftige Wehen an. Mein Mann und seine Mutter brachten mich ins Krankenhaus. Es sollte eine sehr schwere Geburt werden. Bei meinem ersten Kind ging alles so leicht.

Lieber Gott, was habe ich gelitten. Um zehn Uhr abends brachte man mich in den Kreißsaal und erst am Sonntag zur Mittagszeit kam das Kind auf die Welt.

Nie werde ich vergessen, dass irgendwann während der Wehen die Herztöne des Babys nicht mehr zu hören waren. Alle rannten durcheinander. Der diensthabende Arzt rief meinen behandelnden Arzt an, der auch der Chefarzt auf der Abteilung war. Ich hatte furchtbare Angst und flehte Dich an, lieber Gott, mir zu helfen. Ich flehte Dich an, wenn ich etwas getan hätte und dafür bestraft werden müsste, dann solle mir etwas passieren, aber bitte nicht meinem Baby. – Ich weiß heute, dass es dumm war zu denken, dass Du, lieber Gott, uns bestrafst, indem Du unser Leben oder das Leben unserer Lieben wegnimmst, aber das war in der Kirche so gelehrt worden. Der arme Arzt wusste nicht recht, was er tun sollte. Ich stand kurz davor, einen Kaiserschnitt zu bekommen.

Der Arzt war ein junger Mann um die 30, groß, schlank und mit einem Gesicht wie eine Statue der altgriechischen Götter. Er sprach mir immer wieder Mut zu und begleitete mich bis zur Geburt. Obwohl er eigentlich am nächsten Tag keinen Dienst hatte, ist er geblieben. Als das Baby kam, fühlte ich mich diesem Menschen, dem Arzt, der mir geholfen hatte das Baby ohne Komplikationen zu gebären, so nahe, als ob wir eins geworden wären in diesen Kampf. Ich danke ihm bis heute.

Mein Sohn kam, so wie ich es geahnt hatte, an meinem Geburtstag zur Welt. Welch ein Geschenk von Dir, oh Herr. Ein emotionales und spannendes Erlebnis. Das lange Warten, die schmerzhaften Wehen waren vergessen. Das Gefühl, mein Baby das erste Mal in den Armen zu halten, wird immer in meinem Gedächtnis bleiben. Hier manifestieren sich Schöpfung und Sein.

Als meine Schwiegermutter, die mit meinem Mann draußen wartete, erfuhr, dass es ein Junge war, konnte sie es erst gar nicht glauben. Sie kam rein und wollte es selbst sehen, es sich bestätigten lassen. Das Baby schrie sehr laut und die Schwiegermutter wollte es in ihre Arme nehmen. Die Hebamme bat sie aber, rauszugehen. »Das Baby braucht seine Mutter«, sagte sie, »es muss seine Mutter riechen, nur dann wird es sich beruhigen.«

Da wurde meine Schwiegermutter wütend und sagte zu der Hebamme: »Was weißt denn schon ein Baby?«

Nun wurde auch die Hebamme wütend und bat sie, sofort das Zimmer zu verlassen. Sie sagte, dass das Baby genau fühe, wer die Mutter sei. Dann gab sie mir mein Baby in die Arme. Sekunden später hörte es auf zu weinen und suchte sich die Brust, da es anscheinend bereits Hunger hatte.

Ein paar Tagen später wurden wir aus dem Krankenhaus entlassen.

Es entwickelte sich eine sehr enge Bindung zwischen mir und meinem Sohn, so wie es eigentlich auch sein sollte. Diese enge Beziehung hatte man mir beim ersten Kind verweigert, aber noch mal würde ich so etwas nicht zulassen.

Mein Sohn beruhigte sich nur in meinen Armen, nicht mal zu seinem Vater wollte er. Sobald ein anderer ihn in den Arm nahm, schrie und weinte er. Das gefiel der Schwiegermutter gar nicht und einmal sagte sie einen Satz, der mir Schauer über den Rücken laufen ließ: »Wir werden sehen, wie lange du das Kind in deinen Arme halten wirst.« Wieder wollte sie mir meine Rolle als Mutter wegnehmen.

Das Leben ging weiter. Ich genoss mein Leben mit meinen Kindern und meinem Mann, aber es sollte nicht von langer Dauer sein.

Die Probleme, die wir als Ehepaar schon hatten, waren immer noch vorhanden. Die Schwiegereltern übten immer noch sehr großen Einfluss auf meinen Mann aus und er konnte nicht entscheiden, ob er zu seinen Eltern oder zu seiner Ehefrau gehörte. All dies führte dazu, dass ich mich ihm Tag für Tag immer mehr entfremdete.

Er war ein liebevoller Vater, aber als Ehemann konnte ich ihn nicht mehr ertragen. Eine Trennung habe ich aber weiter vermieden.

Mein Leben in der Stadt Teil 2

Der Mann meiner Freundin, die nun auch die Patentante meines Sohnes war, arbeitete zusätzlich in einem Spielcasino. Dort wurde eine Kellnerin gebraucht und da ich arbeit suchte, schlug sie mir vor, mich zu bewerben. Meine Schwiegermutter fand die Idee nicht schlecht und mein Mann willigte auch ein. So fing ich an, dort abends zu arbeiten, von fünf Uhr nachmittags bis zehn Uhr abends.

Als mein Vater erfuhr, dass ich in einem Spielcasino arbeitete, suchte er meine Schwiegereltern auf und fragte sie, ob ihnen denn bewusst sei, welchen Gefahren ich dort ausgesetzt wäre. Er hätte ihnen doch seine Tochter nicht so jung anvertraut, damit sie so arbeiten müsse. Die Schwiegereltern widerum antworteten, dass sie das nicht so sehen würden. Er solle sich gefälligst nicht einmischen, da er nichts mehr zu sagen habe.

Meine ältere Schwester meinte, ich solle aufpassen, da dies vielleicht von den Schwiegereltern so gewollt sein könnte, um für den Fall, dass ich mich von meinem Mann trennen wolle, wegen der Arbeit im Casino einen Grund zu haben, mir meine Kinder wegzunehmen.

Wenn ich mich trennen würde. *Was für ein Quatsch*, dachte ich. *Über welche Gefahren reden die überhaupt?* Ich servierte Kaffee, während die angesehensten Geschäftsleute der Stadt Glücksspiele wie Poker spielten. Der Inhaber war allerdings bekannt für sein Nachtleben und als Eigentümer von fragwürdigen Bars in Athen und Deutschland. Er hatte tatsächlich nicht gerade den besten Ruf.

Ich lebte natürlich unter einer gläsernen Glocke, gewissermaßen unter dem Schutz der Familie meines Mannes, und konnte deshalb keine Gefahr erkennen. Meine Schwiegermutter sagte noch zu mir, meine Schwester wäre auf mich eifersüchtig. Ich solle ruhig weiter arbeiten und sie würde mir mit den Kindern helfen.

Ich liebte meine Kinder sehr, aber wollte auch aus der Wohnung raus und unter Menschen sein, also sah ich nicht, wo das Problem lag. Die Arbeit war für mich die einzige Möglichkeit rauszukommen, eigenes Geld zu verdienen und mit der Selbstständigkeit auch meine Unabhängigkeit zu sichern. Wenn mein Mann nachmittags von der Arbeit kam, ging ich anschließend für fünf Stunden arbeiten. Allerdings distanzierte ich mich immer mehr von meinem Mann. Wir redeten kaum noch miteinander, nur das Nötigste.

Wieder einmal kam es zu einem Streit mit seiner Mutter. Dabei sagte sie mir, sie verstehe nicht, warum wir uns nicht trennten. Wir sollten uns einvernehmlich trennen und unsere Kinder aufteilen, eins bei mir und eines beim Vater.

Wegen der ständigen Konflikte und andauernden Streitereien – und weil mein Mann kein ausreichendes Verständnis für mich zeigte – machte ich mir ernste Gedanken, wie es weitergehen sollte. Alles in mir schrie nach Freiheit, nach Unabhängigkeit, nach Leidenschaft fürs Leben. Ich hatte das Gefühl, vor mich hinzuvegetieren. Ich deutete meinem Mann gegenüber öfters an, dass ich mich von ihm trennen müsste, wenn er und die Situation sich nicht ändern würden. Ich sagte ihm, dass ich dieses Leben nicht mehr aushalten würde. Offenbar nahm er aber an, das würde nie passieren, da ich ja niemanden hatte, der mich unterstützen würde.

Ich redete darüber mit meiner Freundin. Ich litt darunter, dass mein Mann einen Charakter hatte, der sich extrem von dem meinen unterschied. »Abgesehen davon«, sagte ich ihr, »kann ich ihn einfach nicht mehr als meinen Ehemann ansehen, höchstens wie einen Bruder. Er ist natürlich der Vater meiner Kinder, aber deswegen braucht er mich gar nicht mehr anzurühren.« Es war zu dem gekommen, was ich längst befürchtet hatte. Sie meinte daraufhin, eine Trennung wäre nicht von Vorteil, selbst wenn ich mich mit meinem Mann gar nicht mehr verstehen sollte. In unserer Gesellschaft wurde eine geschiedene junge Frau nicht respektiert. Wo sollte ich denn hin? Ohne Ausbildung, ohne Geld, ohne irgendeine Zukunftsperspektive … Sie gab mir den Rat, verheiratet zu bleiben und, statt mich zu trennen, lieber heimlich außereheliche Beziehungen einzugehen. Dann bliebe ich immerhin eine verheiratete Frau und stünde unter dem Schutz der Familie. Ich müsste doch auch an die Kinder denken. Wenn man Kinder hatte, sollte man sich nicht trennen.

Nein, dachte ich, *das ist nicht mein Weg. Ich will mein Leben in Wahrheit leben und mein Mann und der Vater meiner Kinder soll nicht von mir hintergangen werden.* Dafür respektierte ich ihn zu sehr. Er war letztendlich genauso wie ich ein Opfer dieser patriarchalischen Gesellschaft, die von Zwängen und Machtspielen geprägt war. Eigentlich war er tatsächlich mehr ein Opfer seiner Mutter, die ihn mit ihrer Liebe seit seiner Kindheit psychisch von sich abhängig gemacht hatte. Immer war er von dem Gefühl beherrscht worden, sollte er einmal gegen sie rebellieren, würde etwas völlig Unvorhersehbares passieren, woran er dann schuld wäre.

Nächtelang konnte ich nicht schlafen, Albträume plagten mich. Ich musste schließlich doch eine Entscheidung treffen. So konnte und wollte ich mein Leben nicht weiterführen. Und was würde ich dadurch meinen Kindern antun? Welche Ideale würde ich ihnen vorleben? Dass man sich einer Situation beugen muss, die man nicht zu verantworten hatte? Dass man sich unterdrücken lassen muss? Dass man für seine Würde und Unabhängigkeit nicht kämpfen sollte, lieber eine Lüge leben? Sich immer wieder erniedrigen zu lassen, nur um des lieben Friedens willens? Also einfach den Kopf einziehen und das Schicksal, das einem gegeben wurde, annehmen, ohne dagegen zu kämpfen? *Nein, das sind falsche Ideale.* In mir erwachte die Rebellin – die Rebellin, vor der sich meine Schwiegermutter immer gefürchtet hatte. Ja, ich kam im Wesen meinen Vater nach und bin stolz darauf, seinen Drang nach Freiheit geerbt zu haben.

Ich musste mich von Nikos trennen, nur wusste ich noch nicht, wann der richtige Zeitpunkt wäre. Erst dachte ich, ich könne warten, bis meine Kinder erwachsen wären, vielleicht in 20 Jahren. Aber noch 20 Jahre in dieser Ehe? Einer Ehe, die meinen Geist gefangen hielt? Wenn ich das machte, wäre ich doch mit 40 eine kaputte Frau. Vielleicht würde ich in der Psychiatrie landen oder bekäme Depressionen. Was hätten meine Kinder davon? Eine kranke Mutter, die den Kopf gebeugt hat unter dem Druck der Gesellschaft der Vlachen mit ihren Traditionen. Damit würde ich meinen Kindern vorleben, dass sie nicht für ihre Rechte kämpfen sollten. Dass sie sich mit einer schlechten Situation abfinden sollten, ohne dagegen etwas zu unternehmen. Alles in mir schrie: *Nein, das ist nicht der richtige Weg!*

Aber wenn ich mich jetzt scheiden ließe, wäre ich noch jung – in mir brodelte die Energie eines Vulkans, der kurz davor war auszubrechen. Ich dachte: *Vielleicht habe ich 20 Jahre vor mir, um mich wieder aufzubauen.* Das Leben und der Wunsch nach Freiheit loderten in mir und ich wollte einfach meine Würde wieder zurück. Dann kamen wieder die Ängste: *Mein Gott, die Kinder sind doch noch so klein. Meine Tochter grade fünf, mein Sohn erst eineinhalb Jahre.*

Fast unmerklich, schleichend kam die Entscheidung. Ich erschrak selbst, als ich eines Tages meinem Mann sagte: »Es ist vorbei. Ich will die Scheidung.«

Er dachte, ich würde nur leere Drohungen machen, aber als er erkannte, dass es mir ernst war, versuchte er, mich zu überzeugen, dass dies nicht der richtige Moment sei, sich zu trennen. Die Kinder wären noch so klein und bräuchten beide Eltern. Er würde alles versuchen, um die Situation zu ändern.

Dafür war es aber zu spät. Jahrelange Demütigungen, jahrelanges flehen nach Änderung der Zustände, die bitten, aus der Wohnung seiner Eltern auszuziehen, mit unseren Kindern neu zu starten und uns etwas Eigenes aufzubauen waren von ihm nicht ernst genommen worden.

Sachlich erklärte ich ihm, dass es aus sei. Er nahm mich in seine Arme und wir weinten.

Ich bat ihn, dass wir als Eltern unserer Verantwortung zusammen nachgehen und den Kindern zuliebe freundschaftlich miteinander umgehen sollten. Er versprach es. Später zeigte sich, dass auch dies ein leeres Versprechen war, genau wie alle anderen davor.

Als die Familie meines Mannes es mitbekam, versuchten seine Eltern gar nicht erst, uns von der Trennung abzuhalten. Im Gegenteil. Sein Onkel und seine Cousine, die ich am meisten mochte und die mich recht gut verstanden, versuchten uns zu helfen. Sie hofften, dass wir wieder zusammenfinden würden. Als sie aber sahen, dass es zwecklos war, sagte sein Onkel, der jüngste Bruder seines Vaters, er würde helfen, wo er nur könne, aber er mische sich nicht ein und werde eine neutrale Haltung einnehmen, da er mich auch gern hatte und mir nichts Böses wünsche. Dies sollte sich aber später anders erweisen.

Wir gingen zu einem Rechtsanwalt, der uns gemeinsamen vertrat, und unterschrieben einvernehmlich die Scheidungspapiere. Meine Tochter sollte bei ihrem Vater bleiben und mein Sohn bei mir, genau wie Nikos Mutter es vorausgesagt hatte.

Meine Gedanken gingen zurück … Als ich zehn Jahre war, in Deutschland, hatten sich meine Eltern mal gestritten. Vater versammelte uns fünf Geschwister im Wohnzimmer. Er sagte, dass er sich von unserer Mutter trennen wolle und wir uns entscheiden sollten, bei wem wir leben wollten. Wir haben alle angefangen zu weinen. Nicht dass es uns störte, dass sich die Eltern trennen wollten, aber sie hatten deshalb doch nicht das Recht, uns Geschwister voneinander zu trennen.

Dieser Schmerz kam jetzt wieder hoch, wie ein Schwert durchstieß er mein Herz. *Mein Gott, was machen wir gerade?*, dachte ich. *Wie können wir die Geschwister trennen? Wir haben doch gar nicht das Recht dazu.* Ich entschied mich, sobald die Umstände es erlauben würden, auch meine Tochter zu mir zu nehmen. Der immense Drang, endlich frei zu leben, erlaubte mir nicht, meine Situation klar zu erkennen: Ich war nicht mal in der Lage für mich selbst finanziell zu sorgen, wie sollte das also gehen? Ich hatte auch keine richtige Arbeit und keine Wohnung.

Ich hoffte auf die Hilfe meiner Familie. Immerhin hatten meine Eltern diese Tragödie zu verantworten. Und ich dachte, meine Freundin und Patentante meines Sohnes würde helfen. Das hatte sie mir versprochen.

Wir hatten also die Scheidungspapiere unterschrieben. Das Geld, das wir gespart hatten, teilten wir. Ich hatte auch etwas zur Seite gelegt, von meiner Arbeit in dem Spielcasino.

Wir trennten uns genau im siebten Jahr der Ehe, in einem kalten Monat mitten im Winter. Es war Januar. Ich musste aus der Wohnung ausziehen, da die Wohnung den Eltern meines Ex-Mannes gehörte. Da wir kirchlich geheiratet hatten, wollten wir unsere Ehe auch kirchlich trennen lassen. Dazu mussten wir aus formellen Gründen aber noch zwei Jahre warten,

Nachdem alles unterschrieben war, wollte ich zu meiner Familie nach Deutschland. Meine Eltern wussten noch nicht, was geschehen war. Wir haben unseren Kinder gesagt, dass ich kurz meine Eltern in Deutschland besuchen würde und in zwei Wochen wieder da wäre.

Die Trennung von meinen Kinder war für mich schmerzhaft, aber es tröstete mich, in zwei Wochen wieder zurückzusein. *Ich sagte mir: Ich muss da jetzt durch, es gibt keinen Weg mehr zurück.*

Während ich verreist war, zogen die Eltern meines Ex-Mannes in die Wohnung zurück und nahmen dort wieder ihren Platz ein. Seine Mutter übernahm meine Rolle – sie hatte nun das erreicht, was sie immer wollte.

In Deutschland angekommen, ging ich zu meiner Schwester, die mich immer hatte beschützen wollen. Ich konnte mich bei ihr ausweinen und ihr mein Herz ausschütten. Ich überlegte, ob es möglich wäre, mit meinem Sohn in Deutschland zu leben. Und meine Tochter? Mein Gott, ich war hin und her gerissen. Was sollte ich nur tun? Welcher Kampf kam da auf mich zu?

Während ich einen Spaziergang machte, um klare Gedanken zu fassen, riefen meine Eltern bei meiner Schwester an und machten ihr ihre Position deutlich. Meine Schwester sollte mir ausrichten, dass ich bei ihnen nicht erwünscht sei. Wie hätte ich es nur wagen können, sagten sie, mich von dem Mann zu trennen, den mein Vaters mir einst mit Bedacht ausgewählt habe. Ich hätte die Familienehre verletzt und damit auch ihren Namen beschmutzt. Ich sollte es nicht wagen, zu ihnen zu kommen.

Mir wurde bewusst, dass von ihnen keine Hilfe zu erwarten war. Ich entschloss mich, nach Griechenland zurückzureisen. Ich dachte, dass sich meine Eltern vielleicht später besinnen würden und mich doch noch als ihre Tochter bei sich aufnehmen würden.

Zurück in Griechenland nahm mich die Familie meiner Freundin auf. Ihre Mutter wurde zu meiner Ersatzmutter. Vor einem Jahr war ihr Mann gestorben.

Was für eine gütige Frau. Sie war um die 60, mit roten Wangen und trug schwarze Kleidung als Zeichen der Trauer wegen ihres Mannes, den sie sehr geliebt hatte. Schon als Kinder hatten sie sich geliebt und dann später geheiratet. Sie trug immer ein Tuch auf ihrem Haar, wie es bei den älteren Frauen in griechischen Dörfern üblich war. Sie lebte mit ihrem Sohn, der eine Taverne betrieb, in einem bescheidenen Haus in einem Ort nur wenige Kilometer von der Stadt entfernt. Ein schönes idyllisches Dorf, das im Grünen lag.

Ich durfte bei ihnen wohnen, bis ich auf eigenen Füße stehen konnte. Sie waren alle besorgt um mich, dass mir nichts fehlen sollte. Es war ein armes Haus, aber reich an Liebe, die diese Frau ausstrahlte. Ich spürte ihre Liebe und ihre Wärme. Eine Liebe, die ich von meinen Eltern nie erfahren hatte.

Ich sollte mir das größte Zimmer aussuchen, sagte sie, und es so einrichten, wie es mir gefiel. In ein paar Tagen, dachte ich, würde ich meinen Sohn zu mir nehmen. Ich würde dann, sobald ich eine eigene Wohnung hätte, auch meine Tochter holen. Die Kinder sollten nicht getrennt sein, mein Entschluss stand fest.

Später kam mein Ex-Mann mit unseren Kindern in meine neue Behausung. Ich dachte, mein Herz würde aufhören zu schlagen, als ich meine Kinder in die Arme schloss. Er wurde von Frau Katerina herzlichst empfangen. Sie kochte uns Kaffee und ließ uns alleine, um uns Gelegenheit zu geben zu reden, während sie unterdessen den Kindern die Hühner, die Schafe und ihre Kätzchen zeigte.

Mein Mann schaute sich im Zimmer um. Er fragte mich, wie es mir gehe und wie es bei meinen Eltern war. Ich berichtete ihm über deren Verhalten, und dass sie mich als ihre Tochter abgewiesen hatten. Dabei fühlte ich mich in meiner Vorstellung wieder meinem Vater ausgeliefert und von ihm bedroht, da ich nicht mehr den Schutz meines Ex-Mannes und dessen Familie hatte. Dies habe ich ihm damals natürlich nicht gesagt. Ich ahnte, dass irgendetwas von meinen Eltern kommen würde, aber ich war entschlossen, mein Leben selbst in die Hand zu nehmen.

Mein Ex-Mann hatte die gleichen Bedenken wegen unsere Kinder. Er wollte auch nicht, dass wir die Geschwister trennen. Er bat mich inständig zu überlegen, was das Beste für die Kinder wäre. Er hätte eine Wohnung, wo beide Kinder im Schutze der Familie großwerden könnten und er hätte eine gute Arbeit mit hohem Einkommen. Seine Eltern würden auf die Kinder aufpassen und somit wären diese immer in Sicherheit, wenn er oder ich arbeiten würden. Er liebte die Kinder so sehr wie ich, seine Eltern auch. Sie würden in einer liebevollen sicheren Umgebung groß werden können. Was sie mir antaten, hatte mit mir zu tun, aber die Kinder würden wie Prinzen aufwachsen.

»Wir können das gemeinsame Sorgerecht haben«, meinte er. Nur das Bleiberecht sollte beim Vater sein, wegen der genannten Umstände. Er versicherte mir, dass ich meine Kinder täglich sehen könnte und am Wochenende könnten sie auch bei mir übernachten. Er bat mich mit Tränen in den Augen, für das Wohl der Kinder zu entscheiden. Es gehe um deren Zukunft.

Ich wusste, dass er recht hatte. *Wenn ich meine Kinder liebe*, sagte ich mir, *muss ich mich für ihr Wohl entscheiden. Mein Gott, das kann ich aber nicht. Ich bin die Mutter und die Kinder müssen zur Mutter.*

Da mein Zimmer noch nicht fertig eingerichtet war, sind die Kinder erst mal wieder mit ihm gegangen. Ich habe meinem Ex-Mann gesagt, ich gebe ihm in zwei Tagen Bescheid.

Ich konnte nicht mit ihnen mitgehen, damit sich die Kinder langsam daran gewöhnten, dass ich nicht mehr mit ihrem Vater zusammenlebte. Seine Eltern hatten sich schon in der Wohnung breitgemacht, meine restlichen Sachen hatten sie in große Mülltüten gepackt und vor die Tür gestellt. Ich hatte sie noch an dem Tag abgeholt, als ich aus Deutschland zurückkam.

Ich drückte die Kinder ganz fest in meine Arme und sagte ihnen, dass ich für ein paar Tage hierbleiben müsse, um der Frau Katerina mit den Tieren zu helfen. Und dass ich und ihr Vater sie sehr lieben würden. Es war erstaunlich, wie die Kinder mit der Situation umgingen, es war für sie wie ein Spiel.

Ich konnte meinen Sohn nicht bei seinem Vater lassen, ich durfte ihn aber auch nicht von seiner Schwester trennen. Und was würde meine Tochter denken, mit gerade mal sechs Jahren, wenn ich sie zurückließ und nur meinen Sohn zu mir nähme? Das würde ihr ganzes Leben beeinflussen, glauben zu müssen, dass ich sie wohl nicht lieben würde und nur meinen Sohn wollte. *Mein Gott, was soll ich nur tun? Welches Leben kann ich ihnen anbieten?*, überlegte ich. Ich hatte keine richtige Arbeit, keine Wohnung … wer sollte auf die Kinder aufpassen, wenn ich arbeiten ging. Meine Familie war gegen mich. Mein Vater nannte mich seit meiner Trennung *Hure*, weil ich mir das Recht nahm, mein Leben in die eigene Hand zu nehmen. Er schaffte es sogar, meine Schwestern gegen mich aufzuwiegeln. Aber selbst wenn meine Eltern bereit wären, auf meine Kinder aufzupassen, dann wären diese im gleichen Umfeld aufgewachsen wie ich früher. – Niemals, niemals würde ich das erlauben.

An diesen Abend hatte ich 40 Grad Fieber, das dann noch viele Tage anhielt. Nur Fieber.

Frau Katerina war immer bei mir. Sie streichelte meine Hand und wischte den Schweiß von meiner Stirn, während ich vor Fieber glühte. Eine heilige Frau, die Du, lieber Gott, mir geschickt hattest. Es war erstaunlich zu sehen, wie da Menschen auf einmal im Leben auftauchen, um in einer schwierigen Situation zu helfen. Vielleicht sind es Menschen, die Du uns schickst, um uns beizustehen.

Ich wusste, ich musste eine Entscheidung treffen. Eine Entscheidung, die mir das Herz zerreißen würde.

In jener Zeit riefen auch meine Schwestern an. Frau Katerina wollte mir gar nicht mehr das Telefon in die Hand geben, als sie mitbekam, dass sie mich nur beschimpften und ich völlig aufgelöst war. Sie verbot dann allen, mich weiter anzurufen.

Glühend vor Fieber traf ich dann die Entscheidung: Die Kinder bleiben beim Vater. Ich musste das Wohl der Kinder über mein mütterliches Bedürfnis stellen. Es geht um ihre Zukunft und psychische Gesundheit. Sie sollten in Liebe, Sicherheit und Geborgenheit aufwachsen. Sie sollen nicht die Leidtragenden sein und Opfer unserer kaputten Ehe werden. Einer Ehe, die von Anfang an dazu verurteilt war zu scheitern.

Nach zwei Tagen traf ich mich wieder mit meinem Mann beim Rechtsanwalt. Er hatte mir versichert, dass vereinbart würde, dass wir das gemeinsame Sorgerecht bekämen und ich jederzeit die Kinder zu mir holen könne. Ich vertraute ihm. Niemals hätte ich gedacht, dass er mich hintergehen würde.

Mein Vater versuchte, mich für einen anderen Plan zu gewinnen. Ich sollte, schlug er vor, mich meinem Mann gegenüber reumütig zeigen und ihn überreden, mit unseren Kinder Urlaub in Deutschland zu machen. Sobald wir dann in Deutschland wären, sollte ich ihm sagen, dass ich nicht mehr nach Griechenland zurückkehren wolle und mit den Kindern bei meinen Eltern bleiben würde. Somit wäre dann auch mein Mann gezwungen, wegen der Kinder zu bleiben. Es gäbe eine gesetzliche Vorschrift, wonach für das Überschreiten der Grenze mit Kindern bei der Ausreise nach Griechenland die Unterschrift beider Eltern erforderlich sei. Diesen Vorschlag fand ich nicht akzeptabel und heuchlerisch. So etwas zu tun wäre hinterhältig. Es war einfach nicht mit meinen Werten zu vereinbaren. Trotz alldem was passiert war, wäre es mir niemals möglich, so etwas zu tun, da ich meinen Mann in keinem Fall verletzen und hintergehen wollte. Er hätte es wahrscheinlich weniger verkraftet ohne unsere Kinder zu leben, in der Beziehung war ich stärker geworden.

Meine Kinder, das war mein dringender Wunsch, sollten in einem liebevollen Umfeld aufwachsen und nicht in so einem, wie ich es früher musste. Davon abgesehen, lieber Gott, müssen wir alle eines Tages für unsere Taten Rechenschaft vor Dir ablegen.

Mein Mann hatte einen anderen Rechtsanwalt eingeschaltet, der in der Stadt sehr berühmt und einflussreich war, besonders wenn es um Scheidungsangelegenheiten ging. Keine Gerichtsverhandlung hatte er je verloren. Er forderte natürlich einen entsprechenden Preis, der aber gewöhnlich vom Mann bezahlt wurde. Vorgeschlagen wurde der Anwalt von den Eltern meines Ex-Mannes und von seinem Onkel, den ich ja mochte.

Noch lebte ich in einer naiven Welt, wo alle nett und ehrlich waren und mich nicht hintergehen wollten. Ich hatte leider vergessen, wie stark der Familienverband und das patriarchalische System waren und wie es dabei zuging. Mit welchen Mächten ich es zu tun hatte, sollte ich erst später erfahren.

Beim Rechtsanwalt angekommen, schaute ich mich in seinem Büro um: überall Bücher, eine Ikone, auch ein Kreuz. Ein runder Tisch füllte den Raum. Der Rechtsanwalt war ein großer schlanker Mann mit einem eindrucksvollen Schnurrbart und einem sehr strengen Gesichtsausdruck. Wir unterschrieben die Scheidungspapiere sowie das gemeinsame Sorge- und Bleiberecht der Kinder sowie die Regelung des Umgangs. Der Anwalt sagte, dass dies die beste Entscheidung für das Wohl der Kinder sei und ermahnte meinen Mann, sich an die Abmachungen zu halten. Wenn es soweit wäre, dass ich eine eigene Wohnung hätte, würde ich meine Kinder so oft wie möglich zu mir nehmen. Die Gründe für die Entscheidung mussten dann auch noch erläutert werden. Die Gründe waren seine soziale und finanzielle Situation sowie die meine.

Meine Situation war die, dass ich alleine war, ohne geregelte Arbeit, ohne Geld, von der Familie abgeschoben. Die Lage meines Ex-Mannes war die, dass er eine sehr gute Stelle als Staatsbeamter hatte, eine Wohnung und seine Eltern, die auf die Kinder aufpassen konnten. Er hatte eine starke Familie, die hinter ihm stand, und ich stand alleine da. Es war wie ein Fest für seine Mutter. Sie hatte gewonnen. Was sie mir früher einmal sagte, als mein kleiner Sohn nur in meine Arme wollte, hatte sie nun erreicht.

Hinter all dem Plan steckten nämlich sie und ihr Mann, unterstützt von ihrer ganzen Familie. Für mich war klar, dass alles vorübergehend sein würde, da ich ja, sobald es mir möglich sein würde, meine Kinder zu mir nehmen wollte. Was für ein Irrtum! Wie naiv ich da noch war! Mit Dämonen wäre wohl leichter zu kämpfen, als mit der autoritären Gesellschaft dieser Vlachenfamilie.

Kaum wurde dies alles im Dorf bekannt, gingen die Ausgrenzungen und Beleidigungen los. Im Dorf wurde geschwatzt, ich sei eine Hure geworden, dies hätte sogar mein Vater gesagt. »Sie hat ihre Kinder verlassen, damit sie durch die Gassen ziehen kann. Schau, wie die sich kleidet, schämen sollte sie sich …« Wenn ich mal im Dorf war, spürte ich die bösen Blicke und hörte die Sprüche hinter mir: »Das ist doch die … sie hat ihre Kinder verlassen. Was ist das bloß für eine Mutter.« Meine Eltern schämten sich für mich. Für sie war ich eine Schande. Für mich war das alles erbärmlich und unglaublich kränkend.

Ich ging meinen Weg, aufrecht, mit erhobenem Haupt. *Die Zeit wird es zeigen*, dachte ich mir … die Zeit … Ich werde euch allen beweisen, wer ich bin und wer ihr seid.

Ich bemühte mich sehr, mein Leben so schnell wie möglich neu zu ordnen und aufzubauen. Aus dem Nichts musste ich eine neue

Adriana erschaffen, eine starke Persönlichkeit, die niemandem erlauben würde, sie herabzusetzen oder zu beleidigen. Keiner sollte mehr Macht über mich haben. Ich musste stark werden, um allen zu beweisen, wie unrecht sie hatten; ich musste meinen Ruf wiederherstellen, den mein eigener Vater ruiniert hatte, nur um vor dem Dorf gut da zu stehen.

Viele ermahnten meinen Vater, mir doch zu helfen. Ich war damals nicht mal 22 Jahre alt. Aber alles, was mein Vater zu seiner Rechtfertigung sagte, war, er würde sich für mich schämen. Er habe mir einen guten Mann aus wohlhabender Familie gegeben und ich hätte meine Kinder und meinen Mann verlassen, um eine Hure zu werden.

Was für eine himmelschreiende Ungerechtigkeit, lieber Gott, eine Ungerechtigkeit und Schlechtigkeit, die bis heute in vielen Ländern und Gesellschaften zu finden ist. Es ist einfach abgrundtief böse, den Frauen das Recht zu nehmen frei zu sein, sich zu bilden und ein selbstbestimmtes Leben zu führen; das Recht sich zu verlieben und selbst zu bestimmen, wen man heiraten will; das Recht, über die eigene Sexualität selbst zu entscheiden; das Recht, in Würde und Freiheit zu leben. Das Schlimmste von allem ist aber, dass auch die Kirche diese Strukturen duldet, obwohl sie doch eigentlich gehalten ist, Dein Wort von der Liebe zu verbreiten.

Dieser Ungerechtigkeit sah ich mich also ausgesetzt, aber ich nahm den Kampf an und wusste, ich musste durch diese Hölle, um das Wertvollste zu erlangen und auch das Selbstverständlichste, was es gibt: Freiheit, ein selbstbestimmtes Leben, Würde.

Die größte Ungerechtigkeit ist mir seitens meiner Familie zugefügt worden. Statt sich der Schuld bewusst zu sein, was sie mir damit angetan hatten, mich mit 15 Jahren in eine Zwangsehe zu pressen, mein Leben und meine Jugend damit zu verschwenden, haben sie mich weiter bekämpft. Obwohl ich schon genug verletzt war und bereits am Boden, schlugen sie weiter auf mich ein, bis zur totalen Vernichtung. Die eigene Familie! Es ist erschreckend zu sehen, welch furchtbare Macht autoritäre Gesellschafsformen auf Menschen ausüben. Wie krank ist doch diese finstere Gesellschaftsordnung, die auf Gewalt, Macht, Lügen und Angst begründet ist.

Aber ich liebte das Leben und die Freiheit zu sehr, um mich einfach vernichten zu lassen. Je mehr man mich verfolgte, desto erbitterter kämpfte ich. Und trotzdem suchte ich immer noch die Nähe zu meiner Familie und freute mich, wenn ich etwas von ihnen hörte.

Manchmal denke ich, lieber Gott, Du würdest Deine Kinder in solche Familien geben, damit diese dann Heilung finden durch das Verzeihen der Kinder, die Du den Familien gesandt hast. Ich hatte tatsächlich nie das Gefühl, ich gehöre zu dieser Familie, als Kind nicht und bis heute nicht. Mein Vater warst Du und zu Dir wollte ich schon als Kind, als ich damals den Berg hochging.

Ich fand Arbeit in der Taverne von Frau Katerinas Sohn, dem Bruder meiner Freundin. Ich lebte immer noch bei deren Mutter in diesem kleinen bescheidenen Haus. Ich arbeitete von zehn Uhr morgens bis drei Uhr nachmittags, dann machten wir sauber und der Laden wurde abends zum Pub. Erst um fünf Uhr morgens ging ich schlafen, denn nachdem wir gegen drei Uhr den Pub geschlossen hatten, gingen wir alle zusammen noch woanders hin.

Eines Tages, gegen Mittag, als alle Gäste gingen, wollte ich den Laden aufräumen und für den Abend vorbereiten. Da kam auf einmal mein Vater rein. Ich freute mich, obwohl er mich immer wieder verletzt hatte. Ich fragte, warum er gekommen sei und ob er einen Kaffee möchte. Er sagte, er wolle mit mir reden. Ich erklärte ihm, dass ich gerade keine Zeit hätte, weil ich noch arbeiten müsse. Er meinte, ich solle alles stehen und liegen lassen und mit ihm kommen. Er hatte einen sehr aggressiven Blick, den ich noch von früher kannte. Ich weigerte mich ihm zu folgen und sagte ihm, dass er mir nichts mehr zu befehlen habe. Das hat ihn rasend gemacht, wie ich es wagen könne, so etwas zu sagen, ich, sein Eigentum, und von einem selbstbestimmten Leben faseln. Er zog ein Foto aus seiner Tasche und fragte, was ich drauf sehen würde. Das war ich, mit sechs Monaten, in seinen Armen. Als ich ihm das sagte, fing er an mich brutal zu schlagen. Es war mir nicht möglich, mich zu wehren. Ich fiel zu Boden und er trat mich mit den Füßen. Er war nicht mehr er selbst. Er war in einem Wahn gefangen und hätte nicht mal gemerkt, wenn er mich totgeschlagen hätte. Als er sich besann und etwas zu sich kam, ließ er von mir ab. Ich habe ihm daraufhin alles gesagt, was mir die ganzen Jahre auf der Seele lag und dass ich ihn hassen würde und er für mich gestorben sei.

Er ging und ich stand unter Schock. Ich rief meine Freundin an. Sie kam innerhalb von wenigen Minuten, da sie in der Nähe arbeitete. Sie half mir und brachte mich nach Hause zu ihrer Mutter.

Mein Gott, wenn ich sie nicht gehabt hätte, ich wüsste nicht, was ich hätte machen sollen. Zur Polizei zu gehen war für mich nicht vorstellbar, da ich mich und meine Familie nicht bloß stellen wollte. Mein Vater hatte mir noch gedroht, als er ging, dass er das nächste Mal, wenn er mich sehe, mir Säure ins Gesicht schütten würde, damit ich so entstellt wäre, dass mich niemals mehr ein Mann anschauen und begehren würde.

Stunden später rief meine Mutter mich an. Sie berichtete, Vater wäre nach seiner Tat zum Staatsanwalt gegangen und hätte ihm gesagt, was er getan hatte. Der Staatsanwalt hätte ihm dann gesagt, er könne nur hoffen, dass ich ihn nicht anzeigen würde, weil er dann verhaftet werden würde. Danach ging er zurück ins Dorf. Meine Mutter sagte noch, ich solle aufpassen, bis sich seine Wut beruhigt habe, da er es wohl ernst meinte mit der Säure. Ich musste für paar Tagen verschwinden, aber wo sollte ich denn hin?

Auf den Ratschlag meiner Freundin und ihrer Mutter hin riefen wir einen guten Freund an, der mich und meine Geschichte kannte. Er war Unternehmer mit einem Möbelgeschäft. Ich berichtete ihm am Telefon was geschehen war und da ich noch unter Schock stand, sprach auch noch meine Freundin mit ihm. Er kam sofort. Ich musste für paar Tage verschwinden, da mein Vater wusste, wo ich wohnte. Er fuhr mit mir nach Athen, buchte für mich ein wunderschönes Zimmer in einem Hotel, in der Nähe der Akropolis und gab mir noch etwas Geld, damit ich nicht in Not geriet. Er bat mich niemandem zu sagen wo ich war, zu meiner eigenen Sicherheit. In der Zwischenzeit würde er für mich eine Wohnung finden und ich solle mir keine Sorgen machen.

Meine Schwestern erfuhren was passiert war und versuchten, mich zu erreichen, aber Frau Katerina hat ihnen nicht gesagt, wo ich zu finden war. Mit meiner Mutter hat sie sehr geschimpft. Es war ihr unvorstellbar, wie man so sein konnte.

Ich machte lange Spaziergänge in der Nähe der Akropolis und tauchte ein in die Menschenmenge in den Einkaufsstraßen. Ich wollte vergessen, was mir passiert war. Nachts plagten mich Albträume. Ich sah immer einen Schatten, der mich in einen dunklen Tunnel hinein verfolgte. Ich lief und lief und der Schatten kam immer näher … sein Atem hörte sich an wie der eines Ungeheuers. Als ich mich beim Fliehen zurückwandte, sah ich das Gesicht meines Vaters, verzerrt und bösartig. Dann war alles totenstill.

Nach zehn Tagen kehrte ich zurück. Ich konnte meine Kinder erstmal nicht besuchen. Meinem Ex-Mann sagte ich, dass ich krank sei. Was hätte ich ihm sagen sollen? Dass seine Eltern recht gehabt hatten mir zu untersagen, mit meiner Familie Kontakt zu halten? Am liebsten hätte ich gesagt: *Ich will zurück, ich habe Angst, dass mein Vater mich umbringt.* Aber das genau war ja offenbar das Ziel meines Vaters: alles zu unternehmen, um mich dazu zu bringen, zurück zu meinem Mann zu gehen.

Nein, sagte ich mir, ich würde weiter für mich kämpfen, für das, was mir richtig erschien, auch gegen diese kranke Gesellschaft mit ihren fixen Vorstellungen und schrecklichen Traditionen.

Ich fand schließlich eine Dreizimmerwohnung in der Nachbarschaft meines Ex-Mannes, somit war ich nur zehn Gehminuten von meinen Kindern entfernt. Die Wohnung wurde mit neuen Möbeln eingerichtet, der Standard, den ich bei meinen Schwiegereltern hatte, sollte in etwa beibehalten werden. Sie sollten wissen, dass ich es geschafft hatte, einen eigenen Haushalt aufzubauen, nach meinem Geschmack, der jung und voller Leben war.

Für meine Tochter hatte ich ein wunderschönes Kinderzimmer eingerichtet, mit einem eigenen Schreibtisch für sie, wo sie in Ruhe ihre Hausaufgaben machen konnte. Da, mein Sohn noch klein war, hatte ich in meinem Schlafzimmer für ihn einen schönen Platz zum Spielen eingerichtet. Ich nahm meine Kinder in der ersten Zeit fast jeden zweiten Tag und an den Wochenenden zu mir, also ganz so, wie es der Abmachung entsprach.

Nie werde ich vergessen, was die Mutter meiner Freundin damals für mich getan hat. Ihr Sohn hatte inzwischen die Taverne verkauft und ich arbeitete nun in verschiedenen Cafés der Stadt. Leider war es so, dass die Arbeitgeber ihre Angestellten nur schwarz, also illegal beschäftigten. Das bedeutete, man hatte keine Krankenversicherung und auch keine Rentenabsicherung. Bei den Arbeitgebern auf den gesetzlichen Rechten zu bestehen, war aussichtslos, niemand hielt sich an die Gesetze.

Da ich bei der Kundschaft der Cafés sehr beliebt war, versuchten viele Cafés mich für sich zu gewinnen und boten mir Stellen an. Die Arbeit in Bars oder Cafés war damals allerdings in der Gesellschaft nicht angesehen. Man meinte, wer in einer Bar arbeitete, insbesondere nachts, der würde auch unmoralisch leben. Dies war aber bei mir nicht der Fall, sondern das Problem von denen, die so dachten. Das eigentlich Komische war, dass die Leute mit solchen Vorurteilen genau diejenigen waren, die in diese Cafés und Bars gingen, um dort nach der Arbeit etwas zu trinken.

Für mich war diese Arbeit gut, da ich nachts unter Leuten sein konnte, ich hielt es nachts nicht zu Hause aus und ging deshalb nie nach Hause, bevor es hell wurde. Stille im Haus und Dunkelheit versetzten mich in Panik.

Die Stellen als Verkäuferin hatte ich öfters wechseln müssen, um sexuellen Übergriffen und Belästigungen aus dem Weg zu gehen. Aber im Nachtleben, in den schönen Pubs der Stadt, hat man mich respektiert und nicht behelligt. Alle wussten, dass der Bruder meiner Freundin, ein angesehener Mensch mit verschiedenen Betrieben, mir eine Art Familie bot.

Mit meinen Eltern, eigentlich mit meinem Vater, hatte ich den Kontakt abgebrochen. Er wohnte weiter im Dorf, während meine Mutter und meine zwei kleineren Geschwister in Deutschland lebten. Mit meinen Schwestern hatte ich in jener Zeit eher eine kühle Beziehung. Sie glaubten an Vaters Lügen und Unterstellungen und ließen sich von ihnen beeinflussen. Sie meinten tatsächlich, dass ich meine Kinder verlassen hätte, für meinen Spaß und größere Freiheit.

Lange war ich auch nicht mehr in unserem Dorf gewesen und hatte dadurch meine Ruhe vor bösen Anfeindungen gehabt. Als ich mal meine Kinder bei ihrem Vater abholen wollte, fragte dieser mich, ob ich wüsste, dass meine Großmutter gestorben war. Mir lief ein Schauer über den Rücken. Man hatte sie schon vor eine Woche beerdigt – keiner hatte mich benachrichtigt: keine Schwester, kein Onkel, keine Tante und meine Eltern natürlich auch nicht. Meine geliebte Großmutter war tot und ich musste es von meinen Ex-

Mann erfahren. Ich war darüber sehr unglücklich und traurig. Was aber die Dorfgemeinschaft betraf, blieb ich stark und dachte mir: *Euch brauche ich nicht. Ich werde mein Leben so leben, wie ich es für richtig halte, nach meinen eigenen Vorstellungen.* Das Wohl meiner Kinder war mir dabei das Wichtigste und die Sorge, dass sie die Scheidung der Eltern soweit wie möglich ohne Schaden überstehen würden.

Einige Monate nach dem Unterzeichnen der Scheidungspapiere fing mein Ex-Mann an, mir das Besuchsrecht zu verweigern. Auf einmal durfte ich meine Kinder nur noch zweimal die Woche sehen. Auch an den Wochenenden durften sie nicht mehr bei mir schlafen, nur Sonntags durfte ich sie tagsüber bei mir haben. Ich wies meinen Ex-Mann darauf hin, dass wir doch etwas anderes abgemacht hatten, aber das interessierte ihn wenig. Alles andere, meinte er, würde den Kindern nicht gut tun.

Ich ahnte Schlimmes. Seine Mutter wollte mich immer mehr von den Kindern fernhalten. Von meiner kleinen Tochter erfuhr ich, dass sie den Kindern zu Hause, wenn sie über mich sprachen, nicht erlaubte mich *Mama* zu nennen. Sie sagte ihnen, da ich sie verlassen hätte, sei sie jetzt ihre Mutter.

Ich erkannte die Notwendigkeit schnell zu handeln, um ein gewisses Bleiberecht der Kinder bei mir sicherzustellen. Ich beantragte also eine neue Verhandlung vor Gericht, die ich aber verlor. Die Gründe, die mich seinerzeit veranlasst hatten, die Kinder beim Vater zu lassen, waren immer noch gegeben. Neu dazugekommen war, dass ich nachts in Bars arbeitete. Dieser Umstand wirkte sich auf mein Ansehen negativ aus. Es fanden sich sogar zwei Verwandte meines Ex-Mannes, die vor Gericht falsche Zeugenaussagen machten und behaupteten, dass ich nachts die Kinder alleine zu Hause ließe, um durch die Gassen zu ziehen: der Onkel meines Ex-Mannes und seine Cousine, die mir früher versichert hatten, sich nicht in unseren Scheidungsprozess einzumischen und neutral bleiben würden.. Also gerade die zwei Menschen aus der Familie meines Mannes, die mir sehr nahe standen und mit denen ich mich sehr gut verstanden hatte. Ich verlor jeglichen Glauben an die Menschen und hasste mich selbst dafür, dass ich so naiv gewesen war, ihnen zu vertrauen.

Vor Gericht wurde ich also als verantwortungslose Mutter hingestellt, die ihre Kinder Gefahren aussetzte und dabei nur an sich dachte. Tatsächlich dachte ich vor allem an meine Kinder und ihre Zukunft und das von mir ersehnte möglichst häufige Zusammensein mit ihnen. Dazu war es nun mal nötig Jobs anzunehmen, bei denen ich genügend Geld verdienen konnte. Wegen dieser Falschaussagen verlor ich jede Chance, meine Kinder öfter zu mir nehmen zu können. Auch später, als ich das Urteil anfechten wollte und dazu in Berufung ging, hatte ich keine Chance.

Die Wirklichkeit ist oft komplex und hat deshalb verschiedene Aspekte. Ohne die Wahrheit kann das beste Gericht natürlich nicht zu gerechten Urteilen gelangen. Ich war deprimiert. Diese einseitige Interpretation der Wirklichkeit hatte ich nicht erwartet. Ich konnte und wollte nicht mehr kämpfen. Meine einzige Hoffnung war, dass, wenn die Kinder groß wären, sie die ganze Wahrheit erfahren würden. Mir blieb als Aufgabe, mein Leben durch meine Liebe für sie bestimmen zu lassen und immer für die Kinder da zu sein.

Ein Jahr war seit der Trennung vergangen. Ich sah meine Kinder zweimal die Woche, auch jeden Sonntag verbrachten wir zusammen und fuhren öfters zu Frau Katerina und meiner Freundin. Sie war ja auch die Patentante meines Sohnes. Meine Kinder spielten und sahen fröhlich und ausgeglichen aus. Es war mir sehr wichtig, dass meine Kinder nichts von all dem mitbekamen. Oft gab ich meiner Tochter etwas zu malen, damit wollte ich auch in ihr Inneres blicken, um zu sehen, wie es ihr ging. Bis heute habe ich ihre Zeichnungen aufbewahrt, sie zeigten glücklicherweise keine Zeichen von Traurigkeit. Vielleicht hat mein Sohn, der damals erst zwei Jahre alt war, mehr unter der Trennung gelitten. Jedes Mal, wenn ich ihn seinem Vater zurückgeben musste, klammerte er sich an mich und wollte mich nicht loslassen. Mein Ex-Mann riss ihn dann aus meinen Armen und ging mit ihm fort, während mein Kind seine Arme nach mir ausstreckte. Zu Hause übernahm dann die Schwiegermutter meine Rolle, die sie für sich immer angestrebt hatte.

Mit der Zeit verfiel ich einem Hang zur Selbstzerstörung. Mir wurde es immer mehr gleichgültig, ob mir etwas passieren würde. Alles, was mir wichtig war, schien mir genommen worden zu sein. Würde ich sterben, dachte ich, wären meine Kinder finanziell abgesichert durch ihren Vater und seine Familie.

Einmal, als wieder bei einem der Abschiede mein Kind nach mir schrie, waren meine Augen beim Überqueren der Straße so voller Tränen, dass ich die Autos nicht wahrnahm. Das Auto, das auf mich zufuhr, konnte oder wollte ich nicht sehen. Ich hörte nur noch die Reifen quietschen. Der Wagen berührte mich leicht. Der Fahrer stieg aus und fragte mich, ob ich vorhätte zu sterben. Er sagte, ich hätte wohl einen Schutzengel gehabt

Ich ging danach zur Arbeit, musste wieder die Maske der Freundlichkeit aufsetzen und Gäste aufmerksam bedienen oder hinter der Theke bei lauter Musik, wo alle Leute fröhlich waren, Cocktails mixen. Nach der Arbeit gingen wir als Team gewöhnlich noch woanders hin, aber ich war nicht irgendeine Frau, die in Bars herumhing; von Tag zu Tag wurde ich stärker und konnte heftig reagieren, wenn jemand unverschämt wurde und mir zu nahe kam.

Trotzdem hatte ich immer noch Angst vor der Dunkelheit und Stille im Haus. Vier Jahre lang kehrte ich nie vor Sonnenaufgang nach

Hause zurück. Deswegen arbeitete ich auch nachts. Ich wurde ein Nachtmensch.

Die nette und liebe Adriana, die einmal an das Gute glauben wollte, wollte ich auslöschen oder verstecken, damit mich keiner mehr verletzen konnte. Mein früheres Ich ganz auszulöschen ist mir wohl nicht gelungen, aber es funktionierte, mich in einem geistigen Kreis zu verstecken, wo man für andere nicht auffindbar ist wenn man es selbst nicht erlaubt.

Natürlich hatte ich in der Zeit den einen oder anderen Mann kennengelernt, in dessen Armen vergaß ich dann vorübergehend Kummer und Leid. Sobald ich merkte, dass ich wieder in Abhängigkeit geriet, floh ich aus solchen Beziehungen. Ich wollte nur mir gehören. Allein und selbst wollte ich entscheiden, wen ich liebte. Niemand anderer sollte dies bestimmen. Und weil ich mir diese Freiheit erkämpft hatte, erlaubte sich meine Familie, mich als *Hure* zu bezeichnen.

Welche Vorstellungen jeweils mit bestimmten Worten assoziiert werden, ist nicht leicht zu sagen. Das aktuelle Bewusstsein steuert alle Vorstellungen – gute, wie schlechte, nutzlose wie schicksalhafte und folgenreiche. Und alle diese Vorstellungen, Ideen, Auffassungen und Konzepte werden von Menschen, Machthabern und der Gesellschaft gemacht, einer Gesellschaft, die mitunter geistig krank, dumm und verdorben ist. Dazu kommt, dass Vorstellungen auch nicht immer eindeutig sind. Auch paradox und ambivalent können sie sein. Was wird beispielsweise nur alles unter dem schönen Wort *Ehe* verstanden, was unter dem Wort *Liebe* oder unter *heilig*. Welche Vorstellungen und Ideen sind mit dem Begriff *Gott* assoziiert oder mit *Treue*? Es gibt eine Treue zu Vorschriften und Verordnungen und zu einem Unternehmen – und es gibt eine Treue zu sich selbst, zu seinem Gewissen, zu seinem höheren Selbst.

Während ich endlich meine Freiheit hatte – die Freiheit, mich wieder zu verlieben, mein eigenes Leben zu bestimmen, mein eigenes

Geld zu verdienen –, sah und spürte ich den Unmut und Neid meiner Schwestern, die sich ihrem Schicksal gebeugt hatten und die braven Ehefrauen spielten, in einer kranken, hierarchischen Gesellschaft eines Dorfes mit abergläubischen Traditionen. Wer war da abgeirrt vom Geist der Einfachheit und Klarheit und der Stimme des inneren Gewissens? Ja, lieber Gott, dann bin ich eben eine *Hure*.

Einmal, als ich meine Kinder bei mir hatte und in der Küche das Abendessen vorbereitete, während meine Tochter am Küchentisch malte und mein Sohn mit seinem Flugzeug spielte, seufzte meine Tochter laut. Ich ließ alles stehen und fragte, was los sei. Sie sagte mir mit Tränen in den Augen: »Ach Mami, weißt du, wir dürfen im Haus gar nicht über dich reden und wenn ich mal was über meine Mama erzählen will, schimpft meine Oma und sagt, sie ist nicht eure Mutter, sie hat euch und euren Papa verlassen. Wir sollen sie Mama nennen und Oma hat alles von dir, was in der Wohnung war, weggeschmissen. Du fehlst mir so sehr. Dann gehe ich immer ins Bad, wo es nach deiner Seife riecht. Da fühle ich mich in deiner Nähe.«

Ich nahm meine Prinzessin ganz fest in die Arme. Ich riss mich zusammen, um nicht zu weinen, damit meine Tochter nicht noch trauriger wurde. Ich sagte zu ihr: »Keiner hat euch verlassen, wir lieben euch beide sehr.« Ich erklärte ihr, warum wir uns trennten und dass sie keine Schuld trifft. Ich betonte, wie sehr ich sie liebte und dass ihre Oma nicht recht hatte mit dem, was sie sagte, sie solle nicht auf sie hören. Und wenn die Oma etwas sagen würde, was sie verletzt, soll sie das ihrem Vater sagen. Soweit ich erfahren habe, hatte der Vater meiner Kinder seiner Mutter dann tatsächlich verboten, den Kindern weiter solche Sachen zu erzählen.

Wenn die Eltern sich trennen, fühlen Kinder sich oft daran schuldig. Sie glauben, dafür verantwortlich zu sein, dass die Eltern sich lieben und bei einer Trennung denken sie, sie hätten versagt. Immer wieder und über lange Jahre hinweg versicherte ich meiner Tochter, dass sie keine Schuld habe.

Den Vorschlag, den ich meinem Ex-Mann einmal machte, zusammen mit unseren Kinder etwas zu unternehmen, hat er abgewiesen. Zu groß war seine Angst vor seiner Mutter und ihrem Einfluss. Er wollte zu Hause keinen Stress mehr haben. Denn wenn sie erfahren würde, dass wir uns treffen, hätte er Probleme.

Eines Tages, als die Kinder bei mir waren, rief er mich an. Am Telefon hörte er sich reumütig an und sehr besorgt. Er versuchte mir etwas mitzuteilen, war anscheinend aber nicht in der Lage zu sagen, was er eigentlich wollte. Er sagte mir, wie leid ihm das alles tun würde und wenn ich wollte, würde er uns gerne noch eine Chance geben. Ich sagte, dann müssten sich viele Dinge ändern. Ich wäre für das Wohl der Kinder und wegen des Glaubens an die Ehe bereit, zu verzeihen. Ich hätte eine eigene Wohnung, er bräuchte nur zu kommen. Mitten im Gespräch hörte er sich auf einmal sehr besorgt und ängstlich an, er sagte, er müsse kurz auflegen, da er das Gefühl habe, seine Eltern würden kommen. Anscheinend waren diese übers Wochenende im Dorf und konnten jederzeit zurückkehren. Er legte auf und rief mich kurz darauf wieder an. Er hörte sich erleichtert an: »Da war nichts.« In diesen Moment wusste ich, dass alles keinen Sinn hatte. Seine Mutter hatte einfach zu große Macht über seine Seele und mir fehlten die Kraft und Macht, ihn von ihr zu befreien. Dafür war ich einfach zu jung. Er tat mir leid, als ich ihm dann sagte, es wäre für immer vorbei.

Die Weihnachtszeit war eine schöne, fröhliche Zeit. Die Stadt war voll mit Menschen, die einkauften und überall duftete es nach frischgebackenem Kuchen. Auch ich bereitete mich auf diese Zeit vor. Meinen Kindern kaufte ich Geschenke, dekorierte festlich die Wohnung und wir schmückten zusammen den Weihnachtsbaum. Ich stellte Spieluhren mit Weihnachtsliedern ins Wohnzimmer und dazu schöne Lichterketten. Mit meinem Ex-Mann hatte ich abgemacht, dass meine Kinder in der Heiligen Nacht bei mir übernachten und er sie dann am ersten Weihnachtstag zu seinen Eltern ins Dorf mitnehmen würde.

Am Heiligabend hatte ich dann alles vorbereitet. Abends packten meine Kinder die Geschenke aus, ich las ihnen Weihnachtsgeschichten vor und wir hatten eine schöne besinnliche Feier. Kurz nachdem wir gegessen hatten und ich die Küche aufräumte, meine Kinder spielten im Wohnzimmer unter dem Weihnachtsbaum mit ihren neuen Spielzeugen, klingelte das Telefon. Es war mein Ex-Mann. Er teilte mir mit, dass ich die Kinder fertigmachen solle, in einer Stunde würde er sie abholen, da seine Eltern entschieden hätten, morgen ganz früh ins Dorf zu fahren. Ich versuchte ihm klarzumachen, dass das kein geeigneter Zeitpunkt sei, aber er könne kommen und den Heiligabend mit uns verbringen, die Kinder würden sich freuen. Davon wollte er aber nicht wissen und legte auf.

Ich hatte nun zwei Möglichkeiten: Die Tür einfach nicht zu öffnen oder die Polizei einzuschalten, immerhin hatte ich das Recht meine Kinder Weihnachten bei mir zu haben, das war ein richterlicher Beschluss.

Ich versetzte mich in der Lage der Kinder. Welch ein traumatisierendes Erlebnis wäre es, wenn sie sehen müssten, dass die Polizei eingeschaltet würde, um gegen den Vater vorzugehen. Ich überlegte, welchen Schmerz sie verspüren würden, sehen zu müssen, dass die Eltern, die sie liebten, sich vor ihnen stritten. Das konnte ich ihnen nicht antun. Vor solcher Traumatisierung musste ich meine Kinder schützen. Sie sollten ohne Ängste und Erlebnisse von Gewalt aufwachsen.

Mein Entschluss, der Forderung nachzukommen, wurde mir später von meiner Familie als Schwäche ausgelegt und als fehlende Mutterliebe, dabei war es für mich ein Opfer.

Ich räumte noch die Küche zu Ende auf, während ich überlegte, was ich den Kindern sagen sollte, die sich darauf freuten, heute bei mir zu schlafen. Ich ging zu ihnen und sagte, dass morgen das Wetter schlecht würde und deswegen ihr Papa gleich kommen würde, um sie abzuholen. Sie würden dann zusammen zu den Großeltern ins Dorf fahren. Da gäbe es auch einen Weihnachtsbaum und Geschenke. Die Kinder freuten sich, aber in mir brach vieles zusammen. Ich gab mir große Mühe, dass die Kinder nicht merkten, was in mir vorging.

Als es an der Türe klingelte, zog ich ihnen die Jacken an und nahm sie noch mal ganz fest in den Arm. Ihr Vater kam rein und ich machte keine Szene. Ich grüßte ihn und sagte zu den Kindern: »Los jetzt, Papa ist da …« Fröhlich zogen sie mit ihm ab. Als sie zusammen weggingen, habe ich nicht geweint, da war nur ein Druck in meiner Brust, der meinen Hals zuschnürte, aber ich konnte nicht weinen.

Ich machte die Lichter aus und ließ nur die vom Weihnachtsbaum leuchten und den Stern, mit dem Jahr das kam: 1995. Das Spielzeug meiner Kinder habe ich nicht weggeräumt.

Dann setzte ich mich und öffnete eine Flasche Whisky, trank und hörte mir immer wieder die schöne Weihnachtsmusik der Spieluhren an. Der dicke Weihnachtsmann, der noch eben sein *Jingle Bells* sang und über den sich meine Kinder fast kaputt lachten, war nun aus. Ich trank und trank … Erst nach eine halben Flasche Whisky lösten sich meine Gefühle und dann flossen die Tränen wie Wasser … Die Gefühle, die ich diszipliniert und gefasst vor meinen Kindern zurückgehalten hatte, brachen jetzt aus mir heraus, mit zerstörerischer Macht: nichts interessierte mich mehr.

Mein ganzes Leben lief vor meinen Augen wie ein Film ab: meine Kindheit im Dorf, meine Großeltern, meine Jugend in Deutschland, meine Familie, die mich abgewiesen hatte, die Gewalt, die ich erlebte, alles zusammen raubte mir jeden Lebenswillen. Ich wollte nicht mehr leiden, ich wollte nicht mehr leben. Ich ging in die Küche zum Medikamentenschrank und nahm die ungeöffente Packung Schlaftabletten, die mir meine Freundin mal gegeben hatte, falls ich nicht schlafen könne. Ich löste alles in einem Glas Whisky auf und setzte mich wieder auf die Couch. »Ich werde einfach gehen, lieber Gott«, sagte ich, »ich will nicht mehr kämpfen und sehe keinen Sinn. Sie haben gewonnen. Ich glaube, ich habe sogar Dich verloren. Sie werden heute zur Kirche gehen, in die gleiche Kirche im Dorf, in die ich als Kind zusammen mit meiner Großmutter gegangen bin. Sie werden zu Dir, mein Gott, beten und die Ikonen küssen. Sie werden Kerzen anzünden und sich als gute Christen zeigen. Obwohl sie alle Deine Gebote gebrochen haben geht es ihnen viel besser als mir. Ich wollte schon als kleines Kind zu Dir kommen, hatte immer das Gefühl, dass Du da bist, nicht der Gott der Orthodoxen, der Katholiken und all der anderen Religionen. Nein, ich meine Dich, Herr, den Schöpfer von Himmel und Erde, Dich, der mir im Traum den Weg zeigte. Ich fühle, dass auch Du mich verlassen hast.«

Meine Kinder hatten einen liebevollen Vater und die Großeltern würden dafür sorgen, dass ihnen materiell nichts fehlte, also wozu noch das Ganze?

Ich hatte schon mehr als die Hälfte der Flasche getrunken. Ich nahm das Glas mit den Medikamenten in die Hand und führte es an meine Lippen. Ich hörte schon die Trauerglocken für meine Beerdigung läuteten, hörte, was die Leute sagen würden: *Sie war zu schwach, die Arme, sie hat ihren Weg verloren.* Da erinnerte ich mich, dass ich doch allen beweisen wollte, dass sie Unrecht hatten. Das ging schlecht, wenn ich tot wäre. Ich setzte das Glas wieder ab. Die Weihnachtsmusik lief weiter im Hintergrund.

»Nein, ich habe keine Kraft mehr zu leben … mein Lebenswille und meine Lebensfreude sind mir geraubt worden, ich bin für die doch nur eine Frau, die ihre Kinder verließ, um ein sorgenfreies Leben zu führen, wie eine Hure.« Ich nahm das Glas und führte es an meinen Mund, während der Film vor meinem geistigen Auge weiter lief ... Die Freude meiner Schwiegermutter, wenn sie erfahren würde, dass ich mich umgebracht hatte ... Sie würde vor Freude auf meinem Grab tanzen ... Sie hat mich gehasst, weil ich mich von ihrem Sohn trennte, sie würde sich bestätigt fühlen ... Meine Kinder, die ihre Mutter verlieren würden ... Sie würden nie die Wahrheit erfahren, keiner würde es ihnen sagen ...

Ich spuckte den Giftcocktail aus, warf vor Wut auf alles den Tisch um, warf den Weihnachtsbaum um, riss all den Weihnachtsschmuck ab und warf die Spieluhren weg. Nur das Spielzeug meiner Kinder räumte ich auf. Alles, alles was in der Wohnung an den Heiligen Abend erinnerte, wurde weggeschmissen. Ein Fest, das nicht mal christlich ist, das uns mehr vernichtet, als dass es uns den Geist Gottes gibt, musste weg, mit Stumpf und Stiel.

»Nein, ich werde mich nicht umbringen! Ich will für meine Kinder leben! Ich will für mich leben und für die Gerechtigkeit. Alle sollen wissen, dass ich es geschafft habe, und es soll der Tag kommen, da sie um Verzeihung bitten. Das wird aber nicht passieren, wenn ich tot bin. Meine Kinder sollen eine starke Mutter haben!«

Das Leben hatte mich wieder zurück.

In diesen Sommer gab es eine Hochzeit in der Familie. Meine jüngste Schwester heiratete – aus Liebe! Einen Mann, den sie selbst kennengelernt hatte. Er war nicht aus unserem Dorf. Als ich das hörte, dachte ich, Vater habe wohl doch noch aus seinen Fehlern gelernt.

Mein Verhältnis zu meiner Familie war immer noch zerrüttet. Meine jüngste Schwester, die mich mit ihrem Verlobten besuchte, bat mich, aus Rücksicht auf das Wohl der Familie nachzugeben und ab und zu auch mal unsere Eltern im Dorf zu besuchen. Am besten im Sommer, meinte sie, wenn sie da sein würden. Sonst lebten meine Eltern nämlich immer noch in Deutschland.

Ich war aber zu sehr traumatisiert von diesem Dorf und war nur bereit zusammen mit ihr und ihrem Verlobten dorthinzugehen. Er war ein sehr netter und guter Mann.

Lange war ich nicht mehr im Dorf gewesen, fast zwei Jahre nicht. Ich glaubte, das Verhältnis zu meinem Vater sei für immer zerstört, aber ich gab mir Mühe mich zusammenzunehmen und dachte, er wolle sich vor seinem neuen Schwiegersohn nicht blamieren.

Mutter warf mir aber, als sie mich sah, gleich ärgerlich vor, dass meine jüngste Schwester niemanden aus dem Dorf hätte heiraten können, weil ich durch meine Scheidung das Ansehen der Familie beschmutzt hätte. Irgendwie war ich inzwischen immun geworden gegen diese demütigenden Behauptungen, sie berührten mein Herz nicht mehr.

Ich hatte viele gute Freunde in der Stadt, die hinter mir standen. Sie waren alle gebildet, hatten studiert und sich in der Stadt ein hohes Ansehen erworben. Diese Menschen waren zu so etwas wie meine Ersatzfamilie geworden. Mit ihrer Freundschaft haben sie mir geholfen, all meine Schwierigkeiten zu überstehen.

Meine Schwester versprach meiner Tochter, dass sie ihre Brautjungfer sein dürfe. Das hat meine Tochter sehr gefreut. Um bei der Hochzeit dann auch tanzen zu können, was die Brautjungfern üblicherweise taten, brachte ihr Vater sie zu einer Tanzschule in der Stadt.

An dem Tag, als ich und meine Tochter in meiner Wohnung auf meine Schwester warteten, um das Brautjungfernkleid anzuprobieren, rief mich meine Mutter an. Sie teilte mir klar und deutlich mit, dass meine Tochter nicht zur Brautjungfer bestellt werden dürfe, da dies für die Hochzeit meiner Schwester und ihrer Zukunft ein schlechtes Omen wäre.

Meine Tochter, ein bildhübsches Mädchen von neun Jahren, sollte als Brautjungfer ein schlechtes Omen sein? In solchen kruden Ideen zeigten sich der finstere Aberglaube und die überholten mystischen Traditionen der Vlachen unseres Dorfes.

Ich bat meine Mutter inständig, meiner Tochter die Aufgabe als Brautjungfer zu lassen und sie ihr nicht zu verwehren, es würde sie sonst sehr traurig machen, sagte ich, und es könne dazu führen, dass sie sich minderwertig vorkäme. Besonders Kinder, deren Eltern sich getrennt haben, sollte man vor negativen Maßnahmen bewahren und dafür sorgen, dass ihr Selbstwertgefühl nicht infrage gestellt wird.

Die Antwort meiner Mutter war: »Das hättest du dir überlegen sollen, bevor du dich von deinem Mann trennst und deine Kinder verlassen hast.«

Ich widersprach ihr: »Nein, ich habe sie nicht verlassen, ich habe sie der Obhut ihres Vaters anvertraut, damit sie in Sicherheit sind, auch vor euch. Bei ihrem Vater erleben sie ganz viel Liebe, Geborgenheit und Schutz. Ihr hättet die Kinder nur vernichtet, genauso wie ihr mich vernichtet habt.« Ich bat Mutter dann noch, sich nicht an meinen Kinder dafür zu rächen, dass ich in meinem Leben eigene Wege ging.

Mutter war nicht zu überreden. Auch meine jüngste Schwester konnte sich mit ihrem Plan nicht durchsetzen. Alle wollten jetzt einfach nur noch ihre Ruhe haben.

Ich informierte meine Familie, dass ich nicht zur Hochzeit kommen werde. Da stürzten sich alle meine älteren Schwestern auf mich und baten mich händeringend, doch zu kommen. Als sie erkannten, dass mein Entschluss feststand, sagten sie nur, dann würden sie auch nicht gehen. Aber das wollte ich meiner jüngsten Schwester dann auch wieder nicht antun, es wäre zu schmerzlich für sie gewesen.

Somit nahm ich allen Mut zusammen und ging in das Dorf zu der Hochzeit. Es lief alles mehr oder weniger traditionell ab. Viele Gäste waren gekommen, lieber Gott, diese Blicke … Ich wusste genau was die Leute schlimmes über mich dachten, versuchte aber, es nicht an mich herankommen zu lassen.

Meine Mutter verbot mir, mit den Leuten zu reden, ich sollte nicht lachen und nur mit meinen Schwestern zusammensitzen. Ich solle nicht vergessen, welche Schande ich über sie gebracht hätte, ich sollte mich einfach zurückhalten. Ich blieb, da ich die Freude meiner Schwester an ihrem schönsten Tag nicht zerstören wollte. Bei dem Stress, den ich fühlte, war das Gefühl, dass ich jetzt meine eigene Wohnung hatte und mein Leben selbstständig führen konnte, für mich etwas Beruhigendes. Ich dachte, ich könnte ja jederzeit weggehen und wüsste, wohin ich gehörte.

Am nächsten Tag brachte mir mein Ex-Mann auch die Kinder in mein Elternhaus, wo die Hochzeit stattfinden sollte. Als die Braut und die Brautjungfer geschmückt wurden, stand meine Tochter schüchtern neben mir. Ich hielt sie in meiner Nähe, nur mein Sohn spielte mit den anderen Kindern.

Da kam meine Mutter und sagte zu meiner Tochter: »Wir konnten nur zwei Brautjungfern auswählen, die älteste Enkelin und die jüngste. Nicht traurig sein!«

Wie heuchlerisch, dachte ich.

Meine Tochter schaute sie an und sagte: »Oma, ich habe noch andere Tanten, von Papas Seite, und da werde ich dann später Brautjungfer.« Mutig und selbstbewusst blickte meine Tochter sie an. Ich war richtig stolz auf sie.

Als sie rausging um mit den anderen Kinder zu spielen, sagte ich zu Mutter: »Jetzt siehst du, warum meine Kinder bei ihrem Vater aufwachsen.«

Es war der Montag nach der Hochzeit, ich hatte in meinem Elternhaus übernachtet. Da rief man mich zu ihnen ins Wohnzimmer. Mein Vater eröffnete mir klar und deutlich, dass sie sich als Familie entschieden hätten, dass ich das Haus verlassen und sie nie wieder besuchen sollte. Er schäme sich für mich wegen der Schande, die ich über die Familie gebracht hätte. Er gab mir dann auch die Schuld daran, dass meine Schwester niemanden aus dem Dorf geheiratet hatte. Auch dafür, dass meine Schwester sich eigenständig verliebt hatte, ohne ihn zu fragen, und dann drei Jahre mit ihrem Freund außerehelich zusammenlebte, machte er mich verantwortlich. Ich fragte ihn, ob das sein letztes Wort sei und er sagte: »Ja.«
So nahm ich dann also meine Sachen und bestellte ein Taxi. Als ich ging, blickte ich nicht zurück, ich fühlte nichts – gar nichts. Nur wütend war ich, auf mich, dass ich den Eltern wieder die Gelegenheit gegeben hatte, mich zu demütigen.
Ich brach den Kontakt dann ganz ab.

Vater hatte es geschafft, auch meine älteren Schwestern gegen mich aufzubringen. Auch sie brachen den Kontakt zu mir ab, da ich, wie meine zweitälteste Schwester sagte, eine Hure sei … ich mag es gar nicht mehr schreiben.
Ein Jahr später haben sich meine Schwestern bei mir entschuldigt und bittere Reue gezeigt für das, was mir angetan worden war. Da erfuhr ich dann, dass an diesem Tag der Vater die ganze Familie zu sich gerufen hatte, Onkels, Tanten und seine zwei von ihm auserwählten Schwiegersöhnen. Er hatte sich einen ganz raffinierten perfiden Plan ausgedacht, für den er die ganze Familie benötigte.

Sie alle sollten zusammen eine Erklärung unterschreiben, dass ich geistig nicht mehr gesund und zurechnungsfähig sei und es deshalb nötig wäre, mich in die geschlossene Psychiatrie einzuweisen. Meinem Vater war mein selbstbestimmtes Leben ein Dorn im Auge und so griff er zu dieser Maßnahme. Die anderen anwesenden Familienmitglieder waren damit einverstanden und unterschrieben die vorbereitete Erklärung, außer meine zweitälteste Schwester. Sie schimpfte mit allen und nahm das Papier an sich. Sie fragte, ob sie denn alle noch bei Sinnen wären und drohte ihnen mit Konsequenzen, wenn sie nicht auf der Stelle von ihrem Vorhaben ablassen würden.

Lieber Gott, was können Menschen doch grausam sein.

Sommer 1996, der Wendepunkt

Ich schlug mich weiter mit Jobs durch, musste die Arbeitsstelle wieder wechseln. In dem Restaurant, wo ich kellnerte, konnte ich die sexuellen Belästigungen, zu denen es kam, nicht tolerieren. Es war ein recht schönes Restaurant in einer bevorzugt touristischen Gegend der Stadt. Ich hatte dort gutes Geld verdient. Für meine Arbeit stand mir vertraglich sogar eine Umsatzbeteiligung zu, auch verdiente ich zusätzlich noch gutes Trinkgeld.

Einmal, als ich an der Kasse die Rechnung der Gäste fertigmachte, spürte ich die Hand des Inhabers an meinem Körper. Wutentbrannt schrie ich ihn an, was er sich erlaube. Ich warf ihm das Tablett mitsamt den Einnahmen vor die Füße. Auf der Stelle verließ ich das Restaurant, obwohl ich die Arbeit dringend brauchte. Keiner, sagte ich mir, hat mich zu beleidigen und mich als Objekt sexueller Begierde anzusehen.

Ich kündigte und fand in einer Anlage für Touristen mit Restaurant, Apartments und Swimmingpool in der Nähe des Meeres eine neue Stelle. Es war eine schöne Arbeit von 18:00 bis ca. 1:00 Uhr. Die Bezahlung war auch nicht schlecht, da es sich um Saisonarbeit handelte. Die meiste Gäste waren aus Deutschland, aber es kamen auch Engländer und Italiener. Ich konnte gut Deutsch und Englisch und war für diesen Job daher sehr gut geeignet. Auch dort habe ich nicht lange gearbeitet, nur zwei Monate, bis September. Der Grund war, dass die Inhaber sich nicht an die Abmachungen halten wollten, die sie ursprünglich mit mir getroffen hatten. Sie wollten plötzlich, dass ich auch vormittags arbeiten sollte, und zwar für das gleiche Geld. Das habe ich verweigert und somit hatte sich die Sache erledigt.

So war nun mal das Arbeitsleben im privaten Sektor in Griechenland: keine Krankenversicherung, keine Alterssicherung, keine dauerhafte Einhaltung von Abmachungen. Ich machte mir ernste Gedanken, wie es weitergehen sollte.

Für meine Zukunft in Griechenland sah ich keine Perspektive mehr. Die Unsicherheit, was der nächste Tag bringen würde, bedrückte mich. Ich wusste nicht mehr, wie ich meine Rechnungen bezahlen sollte. Und von wem hätte ich Unterstützung erwarten können? Allerdings hatte ich vor einem Jahr bei der Hochzeit meiner jüngsten Schwester eine alte Bekannte meiner Familie wiedergetroffen, Elena. Ihr Vater war der Patenonkel meiner Schwester. Sie war eine sehr kluge Frau, mit viel Energie und Tatendrang, zehn Jahre älter als ich. Damals hatten wir über vieles gesprochen, über mich, über meine Situation, sowie über Dich, lieber Gott, und die Welt, die Deine Schöpfung ist. Sie war ein sehr gläubiger Mensch und lebte mit ihrer Familie ein von den Lehren der Bibel bestimmtes Leben. Sie gab mir all ihre Kontaktdaten und sagte, ich könne sie jederzeit um Hilfe bitten. Sie meinte auch, vielleicht wäre es nicht schlecht, wenn ich nach Deutschland zurückkehrte. Vielleicht könnte ich dort eine Ausbildung machen und dann später wieder nach Griechenland zurückgehen. Sie sagte, sie würde mir helfen und ich könnte zunächst auch bei ihr wohnen.

An die Möglichkeit nach Deutschland zu gehen, hatte ich damals überhaupt nicht gedacht. Ich war mir sicher, ich brauche meine Heimat und vor allem wollte ich in der Nähe meiner Kinder sein. Allein der Gedanke, so weit von meinen Kindern weg zu sein, war nicht vorstellbar. Aber als mir immer bewusster wurde, dass es so nicht weitergehen und ich so nicht weiterleben konnte, beschäftigte ich mich doch mit dem Gedanken, Griechenland zu verlassen.

Finanziell war ich fast am Ende. Um Arbeit zu betteln und inakzeptables Verhalten von Arbeitgeber zu dulden, war bei meinem Stolz und dem Wert, den ich auf Würde legte, nicht vorstellbar. Meine Freunde konnten mir auch nicht helfen, da ich keine rechte Ausbildung hatte und keinen speziellen Beruf erlernt hatte. Wie denn auch …

Im September 1996 fasste ich dann den Entschluss nach Deutschland zu gehen, mit dem Ziel, dort über eine Lehre eine Berufsausbildung zu machen und dann so schnell wie möglich wieder nach Griechenland zurückzukehren. Die Möglichkeit zu einer Ausbildung hatte ich in Griechenland nicht – ich hatte meinen Hauptschulabschluss in Deutschland gemacht; für Frauen und Arbeitslose gab es in Griechenland keine berufsfördernden Programme des Staates mit entsprechender Finanzierung. Manche Frauen, die ich kannte und die nur die Grundschule hinter sich gebracht hatten, arbeiteten als Aushilfen im Krankenhaus oder als Putzfrauen in öffentlichen Gebäuden, aber selbst dafür brauchte man in Griechenland Beziehungen. Und die hatte ich nicht. Man musste schon irgendeinen Parlamentsabgeordneten kennen, der es einem ermöglichte, eine Stelle als Bediensteter in einer staatlichen Institution zu bekommen.

In meiner Situation hatte ich keine Wahl mehr. Ich musste meine Heimat verlassen, um eine bessere Zukunft zu erlangen. Mein Sohn war damals sechs und meine Tochter zehn Jahre alt. Ich rechnete und überschlug die Zeit: Ich würde zurückkehren können, kurz bevor meine Tochter in die Pubertät käme. Und mit einem erlernten Beruf, der mir ein Auskommen sicherte, könnte ich wieder das Sorgerecht für meine Kinder beantragen.

Ich rief Elena an und teilte ihr meine Überlegungen mit. Sie freute sich und versicherte mir, mir helfen zu wollen. Ich könne bei ihr wohnen. Sie lebte in Wuppertal, einer größeren, auch kulturell interessanten Universitätsstadt im Bergischen Land von Nordrhein Westfalen.

Ich bereitete meine Kinder langsam auf meine Entscheidung vor, für einige Jahre nach Deutschland zu gehen. Meinen Ex-Mann bat ich um ein Treffen. Er willigte ein, aber es sollte in einer Gegend stattfinden, wo uns niemand kannte, denn seine Mutter durfte es nicht erfahren.

Es war ein emotionales Treffen. Meine Sorge war, dass meine Kinder mich vergessen könnten und dann erst recht die über mich verbreitete Lüge glauben würden, dass ich sie grundlos verlassen hätte. Weinend bat ich meinen Ex-Mann, dafür zu sorgen, dass dies nicht geschähe. Er versicherte mir, gut auf die Kinder aufzupassen, und versprach mir, er würde dafür sorgen, dass es ihnen an nichts fehle. Er versicherte auch, dass er seiner Mutter verbieten würde, vor den Kindern schlecht über mich zu reden. Diesmal glaubte ich ihm, denn auch er war um das Wohl der Kinder besorgt. Ich wusste und war mir ganz sicher, dass die Kinder bei ihm gut aufgehoben waren. Vielleicht haben wir als Eheleute nicht zusammengepasst und es war sicher viel Unschönes passiert, aber er war ein perfekter Vater, der niemals etwas tun würde, was dem Wohl seiner Kinder schaden könnte.

Das Verhältnis zu meinen Schwestern war auch wieder in Ordnung, seit sie ihre Fehler erkannt und sich dafür entschuldigt hatten. Meine ältere Schwester kam extra für mich in die Stadt und half mir, meine Sachen zu packen. Sie tröstete mich, als ich schluchzend meine leere Wohnung sah, die ich aufgeben musste, um nun wieder mal die Heimat zu verlassen. Ich dürfte bei ihr wohnen, wenn ich im Urlaub nach Griechenland käme, sagte sie und meinte, um mich zu beruhigen, meine Abwesenheit würde ja nur für ein paar Jahre sein. Sie machte mir Mut. Viele meiner Möbel kaufte sie mir ab, den Rest habe ich ins Elternhaus ins Dorf gebracht. Ich hatte auch wieder ein wenig Kontakt mit den Eltern, jedoch auf das Nötigste beschränkt. Sie erlaubten mir, meine Sachen bei ihnen unterzustellen.

Die letzten Tage in der Stadt wohnte ich bei Freunden. Die Wohnung hatte ich aufgegeben und die Koffer waren gepackt.

Mein Treffen mit meinen Kindern zum Abschied war einer der schmerzhaftesten Momente in meinem Leben. Als ich sie ihrem

Vater zurückbrachte, habe ich mich zusammengerissen, um nicht vor den Kindern zu weinen, das hätte alles noch schlimmer gemacht. Diesen Schmerz kann ich einfach nicht beschreiben. Mir war zum Sterben zumute.

Wenige Stunden später saß ich im Bus, der mich von Arta nach Igoumenitsa brachte, von da aus ging es weiter mit der Fähre nach Korfu und von Korfu mit dem Flugzeug nach Düsseldorf. Während ich noch auf der Fähre war und sah, wie das Land vor meinen Augen verschwand, packte mich eine große Angst. Ich wusste ja nicht, was alles auf mich zukommen würde in Deutschland. Was würden meine Kinder gerade machen? Es war Mittag, bestimmt holte der Großvater meine Tochter von der Schule ab und meinen Sohn vom Kindergarten. *Hoffentlich sind sie nicht traurig.* Ich habe so gebetet, dass Du immer bei ihnen bist und sie beschützt, lieber Gott. Der Schmerz war ähnlich schlimm wie der, den ich als Kleinkind bei den Trennungen von meinen geliebten Großeltern erlebt hatte. Mein Gott, warum hatte ich nicht solche Eltern wie meinen Ex-Mann, die einen unterstützen, dann hätte ich auch ein leichteres Leben. Warum hast Du mir nur diese Familie gegeben?

Meine Mutter hatte mir mal erzählt, dass, als ich noch ein Baby war, mich ein reiches Ehepaar aus Hamburg adoptieren wollte, es seien Adelige gewesen, Graf und Gräfin. Mein Vater hatte schon die Adoptionspapiere unterschrieben, aber meine Mutter hat ihre Zustimmung verweigert. Wie wäre dann wohl mein Leben verlaufen?

In ein paar Stunden würde ich über 2000 Kilometer weit weg von meinen Kindern und meiner Heimat sein. Ich habe geweint und fühlte mich leer, aber ich musste da durch.

Es begann eine neue Zeit in Deutschland und ich hoffte auf eine bessere Zukunft mit mehr Sicherheit. Mir wurde klar, wie schwer es sein muss, bevor man bereit ist, eine schwerwiegende Entscheidung zu treffen; Zeiten mit schlaflosen Grübelphasen, bewegt von Fragen, ob die neuen Herausforderungen gemeistert würden, belastet von innerer Unsicherheit was richtig ist und was falsch, erfüllt von der Angst, etwas falsch zu machen, in Erwartung unvorhersehbarer Konsequenzen,

Ich musste alles von einer höheren, einer Vogelperspektive betrachten. Es sollte ja für eine bessere Zukunft sein, die es mir ermöglichte, in Würde leben zu können. Wenn die Entscheidung einmal getroffen ist, nimmt alles seinen Lauf, nur das Ziel darf nicht verfehlt werden. Und mein Ziel war es, für drei oder vier Jahre in Deutschland zu bleiben und nach Abschluss der Ausbildung zurück in die Heimat zu gehen.

Traurig fand ich, dass meine Heimat keine Bildungsprogramme für erwachsene Frauen hatte, aber Griechenland, dieses Mutterland der Philosophie, ist dafür bekannt, seine Kinder ins Ausland zu vertreiben.

Zurück in Deutschland

Am frühen Abend landete ich in Düsseldorf. Es war ein grauer regnerischer Tag Anfang Oktober. Ich war genau elf Jahre früher schon einmal hier gewesen und hatte das Gefühl, dass sich vieles verändert hatte. Die deutsche Sprache hatte ich elf Jahre nicht mehr gesprochen, außer bei der Arbeit im Restaurant mit den deutschen Touristen.

Da meine Freundin noch arbeiten musste, konnte sie mich bei meiner Ankunft nicht in Empfang nehmen und somit musste ich etwas auf sie warten. Das verschaffte mir Zeit, um mir langsam bewusst zu machen, dass ich wieder in Deutschland war, in dem Land, in dem ich einen Teil meiner Kindheit und frühen Jugend verbracht hatte.

Ein Schauer überfiel mich, als ich mich an all das Vergangene erinnerte. Aber diesmal, fühlte ich, war es anders. Nur ich bestimmte über mich. Dieses Gefühl der Selbstbestimmtheit war unbeschreiblich. Der Preis dafür war allerdings sehr hoch. Schnell hatte ich bereits in meinen jungen Jahren lernen müssen, dass, wenn man im Leben etwas erreichen will, immer ein Preis zu zahlen ist. Die Trennung von meinen Kindern zerriss mir das Herz. Nur der Versuch, alles aus einer ganz anderen Perspektive zu sehen, machte es mir möglich, das zu schaffen. Ich blickte in die Zukunft, baute hier und jetzt darauf, dass in der Gegenwart die Zukunft geschrieben und gestaltet wird.

Ich sah meine Freundin Elena kommen. Sie war sehr herzlich und drückte mich ganz fest in ihre Arme. Sie sprach mir Mut zu und ich sollte nicht traurig sein. Sie war wirklich eine sehr starke Frau und sehr spirituell in ihrem christlichen Glauben. Sie hatte genau wie ich eine besondere Beziehung und Bindung zu Dir, lieber Gott, und das verband uns vom ersten Tag an, als wir uns bei der Hochzeit meiner Schwester trafen. Damals hatten wir schon sehr viel gesprochen und ich erfuhr, dass sie an diesem Tag sehr viel zu Dir gebetet hatte, um mir helfen zu können. Jetzt wusste ich, wofür es gut war, dass ich doch noch zu der Hochzeitsfeier ging, trotz der Demütigungen seitens der Familie. Wiederholt konnte ich feststellen, dass Du uns die richtigen Personen zur richtigen Zeit in unser Leben bringst. Das ist wohl einer Deiner unergründbaren Wege, die wir Menschen erst nach langer Zeit verstehen.

Wir fuhren zu ihrer Wohnung in Wuppertal, wo sie mit ihrem 16-jährigen Sohn lebte. Ich hatte ihn das letzte Mal gesehen, als er drei Jahre alt war und sie uns bei meinen Eltern besuchten. Damals war ich 13. Nachdem wir gegessen und uns etwas unterhalten hatten, bereitete meine Freundin mir das Bett vor. Ihr Schlafzimmer teilte sie jetzt mit mir.

Ich war entkräftet von der lange Reise und dem emotionalen Stress. Während sie noch sprach, schlief ich ein.

Am nächsten Tag wachte ich vom Kaffeeduft auf. Wir hatten heute sehr viel vor. Ich musste mich im Einwohnermeldeamt melden und um eine Aufenthaltserlaubnis bitten. Diese würde aber befristet sein, da ich noch keine Arbeit hatte. Elena war immer positiv und war sich sicher, dass alles gut gehen würde. Ich hingegen war sehr vom griechischen System traumatisiert und wusste nicht, was in Deutschland dank guter Organisation alles möglich war. Sie war so eine aufopfernde Person, die Elena Sie lebte im wahrsten Sinne des Wortes ihren christlichen Glauben.

Ich durfte bei ihr so lange wohnen, wie ich wollte. Geld verlangte sich nicht dafür, sie opferte ihre ganze freie Zeit, um mir zu helfen, und abends, auch wenn sie sehr müde war, baute sie mich auf, um die Traurigkeit zu vertreiben. Ein wunderbarer Engel war sie mir, von Dir gesandt.

Sie sagte, ich solle einen Beruf erlernen, der krisensicher wäre und dessen Ausbildung vom Staat finanziert würde. Ich könnte dann auch eine Ausbildungsvergütung bekommen, was meine Lebenshaltungskosten decken würde. Ich sollte, meinte sie, die Kranken- oder Altenpflege erlernen. Sie selbst hatte Altenpflege gelernt, nach der Ausbildung kam sie zur Stationsleitung und dann hat sie sich weitergebildet zur Pflegedienstleitung. Sie wurde zu meinem großen Vorbild.

Ich war immer noch vom griechischen System beeinflusst und dachte, man müsste Beziehungen in der Politik haben, um arbeiten zu können. Ich weiß noch, wie herzhaft sie lachte. »Vergiss das korrupte System Griechenlands. Deine Persönlichkeit, dein Fleiß, deine Ehrlichkeit und dein Wille zum Arbeiten sind deine Tickets in die Zukunft.«

Abends wollte ich einen Spaziergang machen. In Griechenland war ich gewohnt, nachts zum Sternenhimmel zu blicken, besonders dann, wenn es mir nicht so gut ging. In diesen unendlichen Weiten des Himmels erschienen mir meine Probleme und Sorgen sehr klein. Ich schöpfe immer etwas Kraft aus Deiner Schöpfung, oh Gott.

Ich ging durch die Stadt, es war nicht mal acht Uhr abends, aber alles war so leer, während in Griechenland die Menschen um diese Zeit normalerweise erst rausgingen zum Kaffeetrinken. Noch etwas fiel mir auf: Es war nebelig und man spürte die Feuchtigkeit förmlich, wie sie den Körper durchdrang.

Ich setzte mich auf eine Bank und hob meinen Kopf zum Himmel. Ich sah nichts, nur graue dunkle Wolken und spürte einen feinen Nieselregen; meine Sterne waren weg. Einen freien Blick ins Universum gab es nicht. Ich fing wieder an zu weinen.

Meine Kinder fehlten mir sehr. Ich hatte eine Abmachung mit ihrem Vater, dass ich sie jeden Dienstag und Donnerstag anrufen könne, immer um 18:00 Uhr. Die Kinder wussten das und warteten dann schon. Ich durfte an anderen Tagen und zu anderen Zeiten nicht anrufen, da seine Mutter meine Stimme nicht hören wollte. Selbst wenn die Sehnsucht nach den Kindern mich fast zum Wahnsinn trieb oder Ängste mich quälten, ob es ihnen auch gut ging, durfte ich nicht anrufen. Einmal, als ich außerhalb dieser Zeiten anrief, hatte sie den Hörer abgenommen. Ich verlangte nach meiner Tochter oder meinem Sohn. Sie erwiderte: »Sie sind nicht da« und legte auf. Dienstags und Donnerstags, das waren die Tage, egal wo ich mich befand, was immer ich auch tat. Dann ließ ich alles stehen und liegen und rief meine Kinder an. Ich wusste, dass sie darauf warteten, und durfte sie nicht enttäuschen.

Was meine Schwiegermutter betraf, fragte ich mich öfters, ob diese Frau überhaupt eine Ahnung hatte, was sie da tat. *Eines Tages*, dachte ich, *muss sie doch auch Rechenschaft ablegen für ihr Verhalten.*

Die ersten Monate bekam ich keine Antwort auf meine Anfrage wegen einer Ausbildungsstelle. Ich hatte entschieden, mich für eine Ausbildung zur Altenpflege zu bewerben. Für die Krankenpflege hätte ich noch zwei ganze Jahre warten müssen, da keine Plätze frei waren, und ich wollte schließlich keine Zeit verlieren.
Nach vielen Bewerbungsversuchen fand ich eine Ausbildungsstelle in einem Fachseminar für Altenpflege in Hagen, ca. 30 Kilometer von Wuppertal entfernt. Es war fast wie ein Wunder. Als ich dort meine Unterlagen vorlegte, meinten die zuständigen Leute, da alle Plätze schon vergeben seien, würde es wohl nichts werden, aber ich solle ihnen trotzdem meine Bewerbungsunterlagen geben. Ich war verzweifelt, doch meine Freundin sagte zu mir: »Lass doch Gott dir seine helfende Hand reichen. Er wird dir die Tür schon öffnen.«

Zwei Wochen später rief mich die Schulleitung und fragte, ob ich noch an der Stelle interessiert wäre. Eine der Bewerberinnen sei schwanger geworden und hätte ihre Bewerbung zurückgezogen. Voller Freude sagte ich zu.

Die Ausbildung sollte im September des nächsten Jahres starten. Davor sollte ich sechs Monate ein Pflegepraktikum in einem Altenpflegeheim absolvieren, das war die Voraussetzung. Ich hatte Glück, da gerade in der Zeit im städtischen Altenpflegeheim, wo auch meine Freundin arbeitete, eine Pflegehelferin gesucht wurde. Ich bewarb mich dort und wurde eingestellt. Zum ersten Mal in meinem Leben hatte ich eine Arbeit, bei der es eine vertraglich garantierte Kranken- und Rentenversicherung gab, bei der die sozialen Verhältnisse in Ordnung waren, wo ich anständig behandelt wurde und wo die Bezahlung nach Tarif erfolgte. Für mich war das alles neu.

Meine Freundin stand mir überall zur Seite; angefangen von Gängen zu Behörden bis später zur Wohnungssuche. Ich fand eine kleine Wohnung, die ich mit dem ersten Geld, das ich verdiente, nett einrichtete.

Nun musste ich mich aber auch daran gewöhnen, um fünf Uhr morgens aufzustehen. Was war das für eine grausame Zeit. Als Praktikantin musste ich viele unangenehme Dinge übernehmen. Das Schlimmste war für mich die Inkontinenzversorgung der Bewohner. Ich müsse lernen mit unangenehmen Gerüchen umzugehen, hieß es. Oft lief ich zur Toilette und musste mich übergeben. Abends hatte ich dann noch den Geruch in der Nase, und zu Hause angekommen weinte ich mich bei meiner Freundin aus. Ich hatte keine Erfahrung mit dieser Art Arbeit und schon gar nicht im Umgang mit alten pflegebedürftigen Menschen.

Oft wollte ich aufgeben, aber Elena half mir zum Glück, mein Ziel nicht aus den Augen zu verlieren. Sie meinte, ich müsse lernen, alles auch aus einer anderen Perspektive zu sehen. Die Altenpflege beinhalte mehr als nur Inkontinenzversorgung und, wie man so schön sagt, anderen den Hintern zu putzen. Sie sagte, ich würde in der Ausbildung vieles lernen: Geriatrie, Anatomie, Physiologie, Krankheitslehre, Pharmakologie, soziale Geragogik Gerontopsychiatrie, Gerontologie, Psychologie. Rechtskunde, Sozialrecht … Sie wusste immer, wie sie mich motivieren konnte weiterzumachen.

Als ich noch in Griechenland war und darüber nachdachte, was Elena mir über die Möglichkeiten in Deutschland erzählt hatte, war ich einmal beim Essen mit Freunden zusammen. Darunter waren ein Arzt, ein Pharmakologe, ein Psychologe und eine Lehrerin. Als ich ihnen von meinen Gedanken erzählte und der Möglichkeit, in Deutschland den Beruf der Altenpflegerin zu lernen, waren einige von ihnen skeptisch. Einer meinte, ich wäre mehr wert, als anderen Menschen den Hintern abzuputzen. Natürlich sagte ich ihnen, dass ich in der Altenpflege genauso eine Wertigkeit sehe wie in der Krankenpflege, nur der Schwerpunkt läge mehr auf dem sozialpflegerischen Teil. Der Arzt meinte dann: »Warum sollte ich für meine Mutter eine ausgebildete Schwester einstellen? Ich kann genauso gut eine billige Arbeitskraft aus Albanien einstellen.« Das motivierte mich natürlich wenig und schon gar nicht, wie er den Beruf ansah.

Die Einzigen von ihnen, die mir Mut machten, waren der Psychologe und der Pharmakologe. Sie sind bis heute meine Freunde, wie Brüder. Sie begleiteten mich in all den schweren Jahren, wenn ich in Griechenland im Urlaub war, durfte bei ihnen wohnen und Zeit mit meinen Kinder verbringen, mit denen wir zusammen viel unternahmen. Sie waren es, die mich begleiteten, wenn ich wieder zurück nach Deutschland musste und unter der Trennung von meinen Kindern litt.

Die sechs Monate vergingen schnell. Mein Praktikum habe ich sehr gut bestanden und nichts stand meiner Ausbildung im September im Weg. Ich hatte zwischenzeitlich zwei Wochen Zeit. Zwei Wochen, um meine Kinder zu sehen. Oh mein Gott, ich dachte, mein Herz würde vor Freude und Sehnsucht explodieren. Ich kaufte ganz viele Spielsachen und Süßigkeiten, dann ging es los.

Als ich ihm Flugzeug saß und wir so hoch flogen, dass unten nichts mehr zu erkennen war, fühlte ich mich so frei wie ein Vogel. In zwei Stunden würde ich in meiner Heimat sein. Wie würde es meinen Kindern gehen? Wie würden sie sich fühlen? Was, wenn ihr Vater sie mir diese zwei Wochen nicht geben würde? Ich hatte ihn informiert, wann ich käme, und somit konnte er gut planen.

In Griechenland angekommen, kamen meine Freunde mich vom Flughafen abholen. Welch ein Gefühl, wieder den Boden meiner Heimat zu betreten. Alles war wieder so vertraut. Obwohl Deutschland das Land war, das mir half auf eigenen Beinen zu stehen, mir eine bessere Zukunft ermöglichte für ein selbstbestimmtes Leben, hingen mein Herz und meine Seele an Griechenland. Dem Land, das mich wegen seines nicht existierenden Sozialsystems und fehlender soziopolitischer Strukturen vertrieben hatte. Heimat und die eigenen Wurzeln haben eben großen Einfluss auf uns Menschen.

Nachmittags brachte mein Mann meine Kinder zu meiner jüngsten Schwester, wo ich auch meistens wohnte. Wie emotional dieser Moment nur war. Natürlich schrie ich nie vor Freude, ich achtete immer darauf, meine Gefühle unter Kontrolle zu halten, damit ich meine Kinder nicht belastete. Ich wollte, dass sie es als ganz normal betrachteten, wenn ich kam und ging, da ich noch nicht richtig in Griechenland arbeiten konnte. Was haben wir uns gefreut. Obwohl sie mir am Telefon alles erzählten, was sie so machten, hatten sie dennoch sehr viel zu berichten.

Mein Ex-Mann wollte nicht, dass die Kinder bei mir schliefen, es würde sie irritieren, meinte er. Und obwohl er wusste, von wann bis wann ich in der Stadt sein würde, hatte er mit seinen Eltern und seiner Schwester Urlaub am Meer geplant. Es hatte sich nichts verändert. Seine Mutter hatte weiterhin das Ziel, die Kinder von mir zu entfremden. Schamlos nutzte sie mein Fehlen aus. Sie wusste ganz genau, dass ich niemals die Staatsanwaltschaft einschalten würde, um mir mithilfe der Polizei meine Kinder zu holen. Mit meinem Ex-Mann konnte ich nicht reden, es wäre zwecklos, so wie er seiner Familie gehorchte. Ich konnte nur diplomatisch vorgehen. Oberstes Ziel war, dass meine Kinder die Streitigkeiten nicht mitbekamen. Sie lieben beide Eltern gleich und auch ihre Großeltern.

Was blieb mir übrig. Diese wenigen Tage habe ich intensiv mit meinen Kindern verbracht und sagte ihnen noch, dass ihr Papa mit ihnen ins Meer wollte, wo sie viel Spaß haben würden.

Es war jeden Sommer das Gleiche. Ich durfte die Kinder täglich zu mir nehmen, außer vom 10. Juli bis Anfang August – das war die Zeit, in der sie ans Meer wollten.

Meine Eltern haben sich ganz zurückgezogen. Die haben nicht einmal den Mut gehabt, zu meinen Ex-Schwiegereltern zu gehen, um mal ihre Enkelkinder zu sehen. Sie wollten auch nicht als Eltern für ihre Tochter kämpfen, zu groß war immer noch ihre Scham, dass ich mich getrennt hatte. Sie konnten einfach nicht über ihren Schatten springen, dafür saßen die Bräuche und Normen zu tief in ihnen fest, so tief, dass ihre Herzen versteinerten und sie ihre Kinder und Enkelkinder nicht vermissten. Alle wussten, dass ich meinen Weg gehen würde, sie konnten mir nicht mehr wehtun. Aber ich hatte eine Achillesferse: meine Kinder.

Im September fing ich mit der Ausbildung an. Ich lernte schnell und schrieb alle Arbeiten mit der Note eins. Die Ausbildungsvergütung reichte gerade so für die Miete und den Rest der Kosten. Ich jobbte nebenbei, indem ich jeden Nachmittag zwei Kinder betreute und am Wochenende in einer Disco arbeitete.

Frei hatte ich nur selten, es war ein kontinuierliches Arbeiten. Somit konnte ich Geld sparen und öfters nach Griechenland reisen. Es war für mich auch kein Urlaub in dem Sinne, dass ich mich ausruhte. Ich ging unter anderem zur Schule meiner Kinder, sprach mit den Lehrern, holte manchmal meine Tochter oder meinen Sohn nach Absprache mit deren Vater ab, besuchte meinen Sohn in der Pause, lernte seine Freunde kennen und nach der Schule gingen wir manchmal etwas essen. Manchmal schlief er auch bei mir, im Haus meiner Schwester oder meiner Freunde, bei denen ich immer eine hervorragende Gastfreundschaft erleben durfte. Sie alle wussten, wie wichtig es für mich und die Kinder war, in der wenigen Zeit, die wir zusammen hatten, eine enge Bindung zu pflegen.

Diese Reisen nach Griechenland wären ohne meine Nebenjobs nicht möglich gewesen.

Mein Fleiß und Ehrgeiz weckten das Interesse der Schulleitung. Man rief mich einmal ins Büro und fragte nach meinen beruflichen Zielen und ob ich interessiert wäre, mich nach der Ausbildung weiterzubilden. Man könne sich gut vorstellen, wenn ich zwei Jahre Berufserfahrung gesammelt hätte, dass ich mich dann zur Pflegelehrerin oder Pädagogin umschulen lassen könne.

Ich liebte das Wissen und das Lernen, sagte aber auch, was mich veranlasste nach Deutschland zu kommen und welches Ziel ich nach meiner Ausbildung hatte.

Die Schulleiterin war eine herzensgute Frau, um die 55, und kam aus Finnland. Sie war selbst Mutter einer erwachsenen Tochter. Als sie meine Geschichte hörte, versicherte sie mir, zu helfen wo sie nur konnte. Sie gab mir im Sommer sechs Wochen Urlaub statt vier, somit hatte ich viel mehr Zeit für die Kinder, auch wenn sie in dieser Zeit mit ihrem Vater ans Meer fuhren. Ich arbeitete diese zwei zusätzlichen Wochen nach, indem ich auf meine freien Tage verzichtete. Wichtig war, dass ich mein Leistungsniveau hielt und meine Noten gut blieben.

Nie werde ich, lieber Gott, all die Menschen vergessen, die mir in schwierigen Zeiten beistanden. Durch sie lernte ich wieder an das Gute im Menschen zu glauben und wieder zu vertrauen.

Seit ich in Deutschland war, verbesserte sich die Beziehung zu meinen Eltern ein bisschen. Mutter lebte immer noch alleine in Deutschland, alle ihre Kinder waren außer Haus und mein Vater lebte sein Leben im Dorf. Sie waren nicht geschieden, aber mein Vater konnte nicht lange Zeit in Deutschland leben und meine Mutter hatte noch gearbeitet.

Ich besuchte manchmal meine Mutter und langsam näherten wir uns an. Sie hatte mir gefehlt. Sie sprach mir zum ersten mal Mut zu und sagte, dass alles ihre Schuld gewesen sei, da sie zuließ, was passiert war. Sie sei gewarnt worden, hätte es aber nicht ernstgenommen. Sie war stolz auf mich, dass ich dagegen rebelliert hatte und gab zu, dass meine Ex-Schwiegermutter böse war. *Na ja*, dachte ich … *die hat jedenfalls für ihren Sohn gekämpft, wo ihr mich fast vernichtet hättet* ... Ich fühlte in mir, dass ich bereit war zu vergeben, der Schmerz war aber noch zu tief. Dieses Gefühl blieb: *Warum habt ihr mir nicht geholfen? Warum habt ihr das zugelassen, diese Ungerechtigkeit? Mir wäre so vieles erspart geblieben; ich brauchte doch nur Liebe. Die vielen Tränen und zwei Selbstmordversuche, obwohl ich doch eigentlich eine lebenslustige Person bin* ... Diese wütenden Gedanken waren in mir, ich konnte sie aber nicht aussprechen, da ich Reue in ihrer Stimme hörte. Ich musste lernen, mit diesen Gedanken und Gefühlen der Bitterkeit umzugehen.

Ich spürte aber, dass so langsam ein Prozess des Verzeihens in mir begann. Dies hätte ich nie geschafft ohne meine gläubige Freundin Elena, die mir mit Deinem Wort immer zeigte, warum das Verzeihen wichtig ist. Sie erklärte mir auch, was meine Eltern veranlasst hatte, so zu handeln. Das Fach *Psychologie und Soziologie* hat mir ebenfalls geholfen zu verstehen, wie die Gesellschaft soziokulturell das Individuum prägt. Ich verließ die Rolle der Tochter und betrachtete alles aus einer anderen Perspektive. Mir wurde bewusst, dass dies nur möglich ist, wenn man sein Leben selbst in die Hand nimmt und sich seinem Schicksal nicht beugt. Erst wenn man diese Freiheit hat, das Leben selbst bestimmt und keiner mehr Macht über einen hat, kann man verzeihen.

Dieser Prozess hatte angefangen. Ich musste erkennen, dass die Welt sehr unvollkommen erschaffen wurde, dass die Idee, eine vollkommene, ideale Welt zu begründen, ohne Dualität und Polarität, eine irrige Fantasievorstellung ist, die nur zu größerem Elend und Unheil führen würde. Ich sah, dass all jene, die die Welt in ein Paradies verwandeln wollten, ihren Kindern immer nur eine schreckliche Hölle hinterlassen hatten. Ich sah, dass die Freiheit, für die ich mein ganzes Leben gekämpft hatte, nicht möglich ist, solange man Konflikte mit anderen nicht begraben hat. Auch musste ich feststellen, dass es absolute Freiheit nicht geben kann und der Mensch immer in irgendeiner Weise mehr oder weniger abhängig bleibt.

Mein Glaube brachte mich dazu, mich manchmal zu fragen, wieso Du Gott, der Schöpfer dieser Welt, uns so viel Freiheit des Handelns und Entscheidens gegeben hast. Mir wurde bewusst, dass einem eine gute Entwicklung nur möglich ist, wenn man sein Leben selbst in der Hand hat. Allerdings erkannte ich auch, dass die Verletzung göttlicher Gebote und Schuld damit verbunden sein können. Aber erst wenn man die Freiheit nutzt, sein Leben selbst bestimmt und eigene Verfehlungen und Schuld erkennt, kann man aus gutem Herzen verzeihen. Wenn man sich in die Lage des anderen versetzt und dessen soziokulturelle Prägungen sieht, dann kann man auch verstehen. Die Frage, die ich mir stellte, war: *Was hat aus der Perspektive der anderen dazu geführt, dass sie sich so verhalten haben?* Jeder hat seine eigene Wahrheit. So wie man erzogen und sozial geprägt wurde, verhält man sich auch weiter. Um dann gegen solche Zwänge anzugehen, braucht man auch Charakterstärke.

Der Weg zu Versöhnung und Verzeihen

Verzeihen ist nicht leicht. Mit erlittenem Unrecht abzuschließen erfordert eine ganze Menge Kraft und Stärke.

Ich benötigte meine seelische Freiheit. Ich erkannte, dass mir diese Freiheit nur zuteil würde, wenn ich alle meine negativen Erinnerungen hinter mir ließe. Mir wurde bewusst, dass verzeihen und vergeben von Kränkungen wichtig für mein seelisches Wohlbefinden ist. Das Verzeihen ist in der Tat die Tür zum inneren Frieden. Das Potenzial an Kraft, Stärke und Glücksgefühl, das hinter der Bewältigung dieser schwierigen Aufgabe steht, ist enorm und von großer Bedeutung

Ich erkannte, dass dies nicht von einem Tag auf den anderen möglich sein würde, dass es eher ein Prozess wäre, der Stück für Stück verarbeitet und aufgelöst werden musste. Dabei kann es auch zu Rückschlägen kommen. Dies alles wusste ich, aber ich war bereit für den Weg des Verzeihens. In Deinen Worten, lieber Gott, steht: *Im Herzen des Verständigen ruht Weisheit.* Und vor 3000 Jahren hat der weise König Salomon geschrieben: *Ein gelassenes Herz ist das Leben des fleischigen Organismus.* Es bestätigten auch heute viele Psychologen und Soziologen, dass Verzeihen zur psychischen und körperlichen Gesundheit führt.

Ich habe letztendlich selbst einen guten Grund, von Herzen zu vergeben, um ein gutes Verhältnis zu Dir und zu meinen Nächsten zu bekommen. Und wer ist schon fehlerfrei? Wir alle haben Menschen verletzt – mal mehr, mal weniger. Wie sollte ich selbst um Vergebung bitten und sie von Dir, lieber himmlischer Vater, erwarten können, ohne selbst vergeben zu haben?

Aus der Rolle der Tochter war ich also ausgestiegen und versuchte, meine Eltern aus einer anderen Perspektive zu sehen. Mein Vater hatte sich als kleines Kind hinter seiner Schwester versteckt, während die Besatzer seine Eltern folterten. Mit acht Jahren hatte ihn sein Vater an einen Großgrundbesitzer zum Schafe hüten verkauft. Angst ließ ihn weinen, als nachts die Wölfe um die Hütte kreisten und heulten. Er bewunderte seinen großen Bruder, der in den Bergen mit den Partisanen für die Freiheit gekämpft hatte und ihn mit der Ideologie des Kommunismus vertraut machte. Er liebte die Freiheit, Gerechtigkeit und das Proletariat. Seine Ideen waren sehr fortschrittlich. Alle Menschen waren nach seiner Ideologie gleich, unabhängig von ihrer Nationalität. Er hatte viel Gewalt und Erniedrigung in seinen jungen Jahren erlebt, wurde immer wieder erniedrigt, weil er aus einer armen Familie kam. Er suchte die Anerkennung und Wertschätzung im Dorf, bekam sie aber wegen seiner kommunistischen Vergangenheit nicht. Er hatte viele Töchter und große Befürchtungen, dass sie niemand haben wolle, weil er arm war und ihnen keine Mitgift mitgeben konnte. Er war voller Ängste, die dann sein Verhalten uns Kinder gegenüber beeinflussten. Als wir uns langsam wieder annäherten, hat er mich gebeten, in mein Elternhaus ins Dorf zu kommen. Er hat sich über meine Zusage sehr gefreut, ein Lamm am Spieß gebraten und alles vorbereitet. In unseren Gesprächen hat er dann immer wieder seine Schuld beteuert.

Ich werde nie vergessen, als er sagte: »Kind, ich habe dir viel Unrecht angetan. Ich möchte dich um Verzeihung bitten. Ich war leider oft gewalttätig, aber das hat die bittere Erziehung, die ich als Kind erfahren musste, mit sich gebracht. Dazu wurde ich erzogen. Ich weiß, dass Verzeihen dir vielleicht nicht möglich ist, da ich fast dein ganzes Leben ruiniert habe, aber weil du jetzt gebildet bist und immer schon gläubig warst, kannst du mich vielleicht verstehen und mir verzeihen?«

Ich hatte einen Kloß im Hals und sagte: »Vater, du hast es nur gut gemeint. Natürlich war das nicht der richtige Weg, aber du wusstest es nicht besser.«

Wir hatten weiter unsere Differenzen, aber wir hatten einen Weg des Verzeihens gefunden. Er sagte zum ersten Mal, wie stolz er auf mich sei, dass ich es alleine soweit gebracht hatte. Er schaute zu meiner Mutter und sagte ihr:»Dass du es nur weißt, sie kommt nach mir, sie hat einen freien Geist.«

Mir ging es von da an besser und ich fand meinen inneren Frieden. Das frühere Leben ist vergangen und das Leben findet hier und jetzt statt. Für mich ist jetzt die Vergangenheit für immer gelöscht. Und auch wenn wir uns mal streiten, über Gott und die Welt, habe ich ihm und meiner Mutter nie wieder die Fehler der Vergangenheit vorgeworfen.

Als ich von einem Bekannten erfuhr, wie bitterlich meine Ex-Schwiegermutter geweint hat, als sie mich zehn Jahre später sah, erfüllte Mitleid mein Herz auch für sie. Weinend hätte sie immer wieder den Satz wiederholt:»Ich habe sie wie eine Tochter geliebt, aber ich musste meinem Sohn beistehen.« Natürlich hätte sie mich nicht dafür vernichten und mir meine Rolle als Mutter wegnehmen müssen. Sie hatte einen sehr starken dominanten Charakter und hatte sich früh in einer patriarchalischen Familie durchsetzen müssen. Immer hatte sie Angst, die Kontrolle zu verlieren. Auch Angst, die Liebe ihres Sohnes durch mich zu verlieren. Lieber Gott, ich kann nicht in Herzen sehen. Ich habe ihr verziehen, weil ich einfach nicht anders konnte, und bitte Dich, oh Gott, ihr auch zu verzeihen. Immerhin hat sie meine Kinder wie Prinzen behandelt und ihnen viel Liebe geschenkt, auch wenn sie dabei fast über meine Leiche gegangen wäre. Ich war aber stark und habe es geschafft, warum auch immer ich diesen Weg gehen musste.

Als ich nach dem Abschied von meiner Familie wieder einmal im Flugzeug nach Deutschland saß, war meine Traurigkeit sehr groß, sodass ich wie versteinert aus dem Fenster blickte. Immer hatte ich meine Gefühle unter Kontrolle, keiner sollte mich leiden oder weinen sehen. Ausgenommen Du, mein Gott, und Elena und meine vier Wände. Ich musste aber immer wieder aus tiefster Seele seufzen.

Neben mir saß eine Frau um die 60 mit ihrem Mann. Da spürte ich, wie sie meine Hand streichelte und zu mir sagte. »Vergiss ihn, mein Schätzchen. So eine junge hübsche Frau soll nicht für einen leiden, Er ist es nicht wert, wenn er dich traurig macht.«

Ich sah sie an. Sie hatte ein gütiges Gesicht. Mir liefen die Tränen herunter, unaufhaltsam. Ich sagte ihr, es sei nicht wegen eines Mannes, sondern wegen meiner Kinder. Sie hörte sich meine Geschichte an und hielt meine Hand. Sie sprach mir Mut zu. Ich sollte mir keine Sorgen machen.

»Alles wird sich zum Rechten wenden«, sagte sie. »Schau, du hast zwei gesunde Kinder, meine sind beide tot. Meine Tochter war zwanzig und mein Sohn dreiundzwanzig Jahre alt. Meine Tochter war mit einem gewalttätigen Mann verheiratet. Als er sie wieder einmal geschlagen hat, ist ihr Bruder hingefahren, um sie da rauszuholen. Auf dem Rückweg hatten sie einen schrecklichen Unfall. Zwanzig Jahre ist das jetzt her.«

Wie klein meine Probleme mir da erschienen. Und mit welcher Stärke diese Frau ihr Leben meisterte.

Deutschland wird zu meiner Wahlheimat

Drei Jahre waren vergangen, seit ich die Ausbildung angefangen hatte, und vier Jahre, seit ich in Deutschland war. Ich hatte es geschafft meine Examen in allen Bereichen mit der Note 1,0 zu absolvieren. Es steckte viel Arbeit und Mühe dahinter, da ich zusätzlich noch arbeiten musste, um Geld zu verdienen. Aber ich wusste: Um in Griechenland arbeiten zu können, war es wichtig, dass ich eine gute, wenn nicht die beste Note erreichen musste. Das würde meine Chancen verbessern.

Ich übersetzte alle meine Zeugnisse und ließ sie in Form einer Apostille bestätigen. Damit musste ich dann zum Ministerium für Bildung in Athen. Ich hatte einen Monat Zeit, mich darum zu kümmern, also buchte ich einen Flug nach Athen. Vorsichtshalber hatte ich mich auch schon um eine Stelle in Wuppertal bemüht. Wegen laufender Kosten musste ich trotz meiner Pläne erst mal weiter in Deutschland arbeiten, hoffte aber, in Griechenland eine Chance zu erhalten.

Athen, die Stadt, in welcher die Demokratie, die Wissenschaften und die schönen Künste auf die Welt kamen. Die Stadt der antiken Kultur mit dem *Parthenon*, dem Tempel der Göttin *Pallas Athene* auf der Akropolis, bei der antiken *Agora*, dem Versammlungsort der Stadt. Und gleichzeitig eine moderne Metropole, eine lebendige aufgeschlossene Hauptstadt voller Energie. Ich war mir sicher, dass ich mein Ziel erreichen würde.

Ich saß in einem dunklen grauen Büro mit kahlen Wänden, da hing nur eine vergilbte Karte Griechenlands an der Wand, ferner eine Ikone und daneben Gottheiten der alten Griechen als Statuen, auch irgendwie gelblich verfärbt, vom Alter oder vielleicht von den Zigaretten der Angestellten, die in den Büros rauchten. Der Nikotingeruch in dem Büro war so intensiv, dass ich danach noch stank, als ob ich stundenlag in einer Kneipe gesessen hätte. Ein Staatsbeamter um die 40, mit dickem Bauch und Schnurrbart, musterte mich durch seine Brille und zündete sich erst mal eine Zigarette an. Auf die Idee, mich zu fragen, ob der Rauch stören würde, kam er natürlich nicht. Er schaute sich die Unterlagen an, die ich mitgebracht hatte, während ich ihm die Bedeutung der Altenpflege in Deutschland erklärte.

Er lehnte sich in seinem Bürostuhl zurück und warf die Unterlagen mit einer Handbewegung auf seinen Schreibtisch. Dann sagte er: »Einen kleinen Moment«, bestellte sich noch einen Kaffee bei seiner Sekretärin und fing breitbeinig und gemütlich an zu reden. Er sagte, dieser Beruf wäre in Griechenland nicht anerkannt. Hier gäbe es dafür die Krankenpflege. Das, was ich gelernt habe, sei eine Spezialisierung auf dem Gebiet der Geriatrie. Für die Pflege geriatrischer Patienten in Griechenland sei dies unvorstellbar. Gelangweilt meinte er: »Mädchen, damit kannst du hier in Griechenland nichts anfangen, höchstens als Pflegehelferin arbeiten.« Der Lohn dafür würde 300 bis 400 Euro monatlich betragen. Damit war das Gespräch beendet und ich wurde entlassen.

Das war natürlich eine bittere Enttäuschung. Am liebsten hätte ich ihm meine Meinung ins Gesicht geschrien. Was erlaubte er sich, so respektlos mit einem Bürger umzugehen? Staatsbeamte sind, so dachte ich, für die Bürger und die Gesellschaft da, nicht umgekehrt. Immerhin brachte ich etwas mit an Können, Wissen und Erfahrung. Dafür, hatte ich angenommen, müsste es in der Gesellschaft Bedarf geben. Aber Fehlanzeige. Ich dachte: *Solche Typen, ohne fachliche Kompetenz sind eine Schande für unser Land.* Wer weiß, welche Beziehungen der Mann hatte, um überhaupt diese Stelle zu bekommen – wie viele Tausende andere auch, die in Griechenland für den Staat arbeiteten; inkompetente Leute, die nicht mal auf eine richtige fachliche Erfahrung und Bildung zurückgreifen konnten. Dafür mussten aber junge gebildete Akademiker ins Ausland gehen, weil sie keine Chancen in ihrer Heimat hatten. Wie sollte mein armes Land auf diese Weise jemals weiterkommen? Ich wünschte mir, es möge der Tag kommen, da unfähigen Beamten gekündigt würde. Doch wusste ich, dass dieser Tag kaum kommen würde, weil das griechische System einfach nur korrupt war. Aus der Geschichte unseres Landes ist bekannt, dass Griechenland immer schon seine Kinder ins Ausland verkaufte.

Wie Recht doch mein Vater hatte, sie alle zu beschimpfen. Seinen Mut dazu hatte ich jedoch noch nicht. Ich wollte einfach nur raus aus diesem dreckigen stinkenden Büro, einem Ort, der eigentlich das Bildungsministerium repräsentieren sollte, das hier von einem respektlosen und wenig hilfsbereiten Mann vertreten wurde, der seine Position mehr als Machtposition sah, statt als Aufgabe, nach Arbeit suchenden Bürgern behilflich zu sein.

Danach fuhr ich erst mal nach Arta zurück, zu Freunden und Familie. Meinen Kindern habe ich berichtet, dass es wohl nicht klappen würde, auf Dauer zurückzukommen, aber immerhin würde ich jetzt öfter kommen können, um sie zu besuchen. Wenn sie älter wären, könnten sie dann auch zu mir kommen – was wären schon zwei Stunden Flug.

Ich entschied mich also, in Deutschland zu bleiben. Die wunderbaren Werte der antiken Griechen sind offenbar nach Deutschland abgewandert und Griechenland hat nichts davon behalten, außer dem Stolz, Kinder von Sokrates und Platon zu sein.

Ich bleibe in dem Land, das mir die Möglichkeit der Bildung gab und mir ein selbstbestimmtes Leben ermöglichte, wo die Würde des Individuums ernst genommen wird, wo Gesetzte auch angewendet werden und nicht nur in den Büchern stehen, wo der Bürger in seinen Rechten geschützt wird, ohne dafür Beziehungen und ein Netzwerk haben zu müssen.

Das Thema *Griechenland* hatte ich damit abgeschlossen. Ich konnte mir nicht vorstellen, wieder für einen griechischen Arbeitgeber zu arbeiten, jedenfalls nicht, solange das System sich nicht änderte.

Mein ursprüngliches Ziel hatte ich verfehlt. Der Grund lag allerdings nicht bei mir, sondern an dem korrupten soziopolitischen Gesellschaftssystem in Griechenland. Vielleicht wird sich in Zukunft etwas ändern, sodass wir alle doch noch zurück in unsere Heimat gehen und dort wieder arbeiten können. Dieses wunderschöne Land, das Du uns gegeben hast, lieber Gott, soll nicht nur denen gehören, die sich Macht und Positionen angeeignet haben. Wir alle haben ein Recht, in unserer Heimat zu sein. Aber solange wir um eine Arbeitsstelle betteln müssen und unsere Rechte mit Füße getreten werden, bleiben wir besser weg.

Ein Jahr später, kurz vor den Parlamentswahlen in Griechenland, schien ein neuer Wind zu wehen. Einen Tag davor flog ich zurück. Am Flughafen in Korfu lernte ich paar Landsleute kennen, die dort arbeiteten. Man fragte mich, als was ich im Ausland arbeitete. Als ich es ihnen sagte, bekam ein Flughafenpolizist Tränen in den Augen und sagte: »Kommt doch alle zurück, wir brauchen euch. Eure Ideen und alle diese neue Berufe können unserem Land helfen. Griechenland braucht euch.« Wie recht er hatte. Mein Volk kann nichts für das, was die Politiker über die Jahre aus Griechenland gemacht haben.

Mein Herz wird immer griechisch schlagen und doch entschied ich mich, in Deutschland zu bleiben. Ich war zu sehr traumatisiert vom Arbeitsleben und der unsicheren finanziellen Zukunft in Griechenland. Nicht zu wissen, was der morgige Tag bringt, ob man morgen die Arbeit noch hat und unter welchen Bedingungen man arbeiten muss, wusste ich allzu genau. Ich konnte dort nur auf mich und meine Arbeitskraft zählen. Wenn ich mal in Not geriete, gäbe es in

Deutschland jedoch ein funktionierendes Sozialsystem, in dem der Bürger aufgefangen wird. Diese Sicherheit konnte der griechische Staat mir nicht geben. Ich wäre wie ein Blatt, das vom Wind hin und her geweht wird – und betteln liegt nicht in meiner Natur. Eher kämpfen für eine bessere und, soweit es in unseren Händen liegt, sichere Zukunft.

Gedanken zur Würde und innerer Freiheit

Erst wenn wir von den Zwängen befreit sind, in denen uns die Gesellschaft und Religion gefangen hält, den Weg zu einem selbstbestimmten Leben gefunden haben und unseren Weg als Erdbewohner auf diesem wunderschönen Planeten bewusst und einfühlsam gehen, sind wir in der Lage, die Dinge von oben zu betrachten und dadurch zu verzeihen. Die Erkenntnis, dass wir alle einzigartig sind und jeder ein wertvolles Individuum ist, nach Deinem Abbild, Gott, unabhängig von Nation, Gesellschaft und sozialer Schicht, wird uns auf eine höhere geistige Ebene führen. Und vielleicht schaffen wir es, die Dinge so zu betrachten, wie Du, mein Gott, Herrscher von Himmel und Erde.

Der Kampf um die eigene Würde, aber auch das Verzeihen und Vergeben eigener und anderer Menschen Schuld, ist eigentlich mit ein Ausdruck des Glaubens an Gott als den erbarmenden gnädigen Schöpfergott. Nach der *Genesis* in der Bibel ist der Mensch als Abbild Gottes erschaffen worden und wenn Jesus Gott als unseren Vater nennt und die Christen sich im *Vaterunser* mit Bitten an ihn wenden, kommt dem Menschen eine gewisse Würde zu. Die Verwirklichung des menschlichen Seins als Kind Gottes und Abbild des Schöpfergottes gibt dem Menschen besondere Würde. Solange man an Gott glauben möchte, ist also der Kampf um die Würde der Menschen einfach notwendig und unerlässlich. Man kann sich und andere Menschen nicht vor Unglück, Schuld und Tod bewahren, aber Würde und Respekt vor anderen Menschen darf man nicht aufgeben und man darf sich die eigene Würde nicht nehmen lassen. Gott, heißt es, ist die Liebe, und die kommt zum Ausdruck im Respekt vor der Menschenwürde.

Daraus kann man schließen, dass Menschen, die die Würde anderer Menschen nicht achten und respektieren, eigentlich gottlos sind. Der Kampf um Würde ist der Kampf um das Bild, das man von Gott in sich hat.

Wer den Kampf um die Würde aufgibt, der hat den Glauben an Gott verloren.

Zeitfracht Medien GmbH
Ferdinand-Jühlke-Straße 7
99095 Erfurt, Deutschland
produktsicherheit@kolibri360.de